JN256845

IEパワーアップ選書

現場が人を育てる

日本インダストリアル・エンジニアリング協会［編］
河野宏和／篠田心治／斎藤 文［編著］

日刊工業新聞社

はじめに

２０２０年のオリンピック・パラリンピック開催地が東京に決まり、２０１４年には訪日外国人の数が過去最高を記録するなど、明るい話題に日本国内では景気回復への期待が高まっている。為替レートが円安に動く中、生産拠点を海外から国内に戻す大手メーカーの事例が報告されるなど、製造業の国内回帰も期待されている。しかし一方では、為替レートの変動、中東の政治動向、ＥＵや中国経済の先行き、ＴＰＰのインパクトといった要因により、マクロ経済環境は急激に変化する傾向にあり、将来の状況を予想し、生産戦略を決定していくことは容易ではない。

こうした経営環境の変化は、多くの企業にリスク回避を優先した短期的な施策を求める傾向にある。しかし、基本的に企業、特に顧客への供給責任を負っている生産企業は、いかなる環境変化があっても、それらの変化に対応しながら事業を継続していく使命がある。合併や買収といった戦略的行動も選択肢として有効ではあるものの、それぞれの企業活動の背後に、多くの従業員や株主などのステークホルダーがいることを考えれば、企業の安定成長に対する期待は以前より大きくなっていると言える。

特に、モノづくりをベースとする製造業においては、提供される製品が顧客に約束したＱ（品質）、Ｃ（コスト）、Ｄ（納期）を恒常的に実現することが求められており、複雑かつ困難な条件への現場の対応力が企業の存続を左右する。環境変化を先取りし、柔軟に対応できる現場の力を強化していくために、現場の見方・考え方を鍛えるのがＩＥ（インダストリアル・エンジニアリング）の役割である。

私たちは、本シリーズの前著『現場力を鍛える』において、現場力とは、「顧客に約束したＱＣＤを守り、環境変化を先取りして改善を続ける力」であると考え、ＩＥをどのように活かせば「強い現場」を実現することができるか、現場力を鍛えることに成功している5社の事例を取り上げ、その成功要因と大切な視点について考察した。

前著で私たちが導き出した現場力を鍛えるための基本要素は下記の6項目であり、ＩＥの基本要素を徹底し、それを現場が実現し遵守していくことが大切であることを示した。

①あるべき姿と現状を対比して現状のムダ・ロスを抽出すること
②そのために現状を見える化・可視化してムダ・ロスを定量的に把握すること
③標準作業手順と標準時間を定め、誰もがその標準を守ることができるように教育・訓練すること
④様々な問題発見や改善のための問いかけや原則、さらには設計的アプローチを用いて、現状作業を改善していくこと
⑤それらの改善が実施されたら、直ちに標準作業手順や標準時間を改訂すること
⑥あるべき姿・ありたい姿を描き、それを実現するために全社員がその力を結集すること

こうした改善活動を、環境変化に対応するために後追い的に行うのではなく、顧客が求めるＱＣＤをより適切に満足するため、変化を先取りして進めることが大切であり、そうした姿勢が企業の競争力を強化する鍵になる。

ＩＥの考え方を実践していくためには、各企業・組織の中に、現場力の大切さを理解し、現場での

活動をサポートする人、現場で自ら先導していく人がいなければならない。そして、そうしたリーダーが現場の作業者と密にコミュニケーションをとり、生産することに追われがちな現場を支援し、モノづくりの職場を活性化していかなければならない。そのためには、労働環境が多様化していく中で、外部の人材や短期雇用の人たちを含め、どのような人材が必要なのだろうか。そうした人を育成していくために必要な活動、仕組みや働きかけはどのようなもので、そのベースとなる「ＩＥ教育」をどう展開していけばよいのだろうか。

　加えて、近年では加工・組立・検査など技術が高度化しており、それに応じて教育内容を見直していくことが必要である。特に、精密加工やＩＴの高度化は多くのマスコミで取り上げられ、モノづくりの将来が大きく変容するという報告も見られるが、こうした技術開発を進め、それを生産プロセスで実際に運用していくのは「人」である。顧客が求めるＱＣＤを実現するためにＩＴを有効活用するには、現場の状況を適切に理解した上でシステムを開発・管理していく人材を育成しておくことが不可欠になる。

　ＩＥパワーアップ選書の第二弾となる本書では、製造現場での人材育成に成果を上げている企業の事例を深掘りし、ＩＥの考え方がどのように現場で人を育てることに結びついているか、そのプロセスを紹介することをねらいとしている。ただし、人材育成とは、採用から育成、処遇、昇進といったキャリアパスを広く含有する言葉である。また、教育の側面だけを捉えても、ＯＪＴやＯｆｆ-ＪＴでの様々な体系・内容・仕組みが関係している。本書では、そうした一般論を広く扱うのではなく、現場で作業に当たる作業者（ライン）、その管理監督者、そして彼らの改善活動をサポートするスタッフを対象とした人材育成の取り組みを取り上げ、現場での実践的な活動を通じて、彼らの能力がいだろう。

高まり、視点や考え方が変わり、それが結果として現場の力を強化していくプロセスに着目している。「現場で人を育てる」というだけでなく、「現場が人を育てる」ことに着目していると言ってもいいだろう。

本書は、日本ＩＥ協会の協会誌『ＩＥレビュー』にケース・スタディとして近年掲載され、「現場が人を育てる」というテーマに合致している3社の事例を中心に構成したものである。

第1部では、現場力の意味、現場力を強化するためのＩＥの役割、現場で人材を育てることの意義など、本書のベースになる考え方を整理して説明している。特に、あるべき姿と現状を対比した2つの改善アプローチ、座学による知識・手法の学習と現場での実践の両輪によるＩＥの見方・考え方の体得、標準と改善のサイクルの関係、現場重視の視点などを示し、「現場が人を育てる」フレームワークを提示している。これらの視点は、製造業に限らず、第1次産業や第3次産業にも適用可能なものである。

第2部では、『ＩＥレビュー』誌に掲載されたケース・スタディを紹介している。取り上げたのは、トヨタ車体、キユーピー、マルヤス・セキソーグループである。これらの3社は、いずれも「顧客のＱＣＤを満足するモノづくり」を実現するために、そこに携わっている「人」を育てることに注力し、ＩＥの考え方をベースにして現場で人材の育成を続けている。「基本を徹底し、さらなる高みをめざす現場」（トヨタ車体）、「改善案がどんどん出てくる現場」（キユーピー）、「全員で良いものを造り改善し続ける現場」（マルヤス・セキソーグループ）というようにそれぞれに表現は異なっているが、本書のテーマである「現場が人を育てる」という着眼点は共通しており、ケース・スタディに具体的な展開例がまとめられている。

続く第3部では、第2部で紹介した各社の『ＩＥレビュー』誌掲載以降の状況を知るため、現場を訪問・インタビューし、その内容を報告している。「現場でどんな人材が育成されているか」に焦点を当て、「人材（あるいは人財）」に対する考え方や教育体制、工夫点などについて改めて各社に取材した。特に、各社の活動の背景、ケース・スタディに書かれている以外に特徴的な人材育成の活動、活動プロセスを進めていく上での熱意や想いを中心にインタビューの内容を整理している。その上で、第1部での議論、第2部での事例紹介と企業取材から見えてきたポイントを整理している。３社のいずれについても、ケース・スタディ掲載時から現在まで活動が継続していることに着目し、活動内容や工夫を読み解いてほしい。

各社の事例から、「人材が育つ現場」がこれからの経営に与えるインパクトを改めて見つめ直し認識していただき、本書を、自社での人材育成やＩＥ活動のヒントとして活用していただければ幸いである。

２０１５年10月

編著者一同

IEパワーアップ選書
現場が人を育てる

目　次

第2部　事例から読み解く人づくり

第3部　人づくりはこうして進めよ

第1部

人が育てば現場も強くなる

1 どうすれば現場力を強くできるのか？

現場力とは何だろうか

「現場」とは、一般的には「ものごとが実際に起こった、あるいは起こっている場面や場所」を意味している。製造業であれば、加工や組立を行っている生産現場という意味で用いられる場合が多いが、製品の設計開発や設備・治工具の開発を行っている部門、あるいは顧客と接して製品を販売している場面も、企業の付加価値を生むものごとが実際に発生しているという意味で、広義には「現場」と呼ぶことができる。また、サービス業で顧客にサービスを提供している場面、物流業で荷物を仕分けしたり運搬している場面も、現場に該当する。

こうした「現場」に共通していることは、顧客に提供する製品やサービスを生み出すと同時に、そこでの作業内容やレベルが、そのＱ（品質）、Ｃ（コスト）、Ｄ（納期、あるいは提供までのリードタイム）を左右するということである。

開発現場で決定されたＱＣＤが生産現場で製品として具現化され、それが営業現場で顧客の手に渡される。その結果、顧客は自分が期待していたＱＣＤと製品を対比して、満足・あるいは不満足という評価を下す。満足であれば、同じ企業の他の製品を購買したり、他者にその製品を推奨するなど積

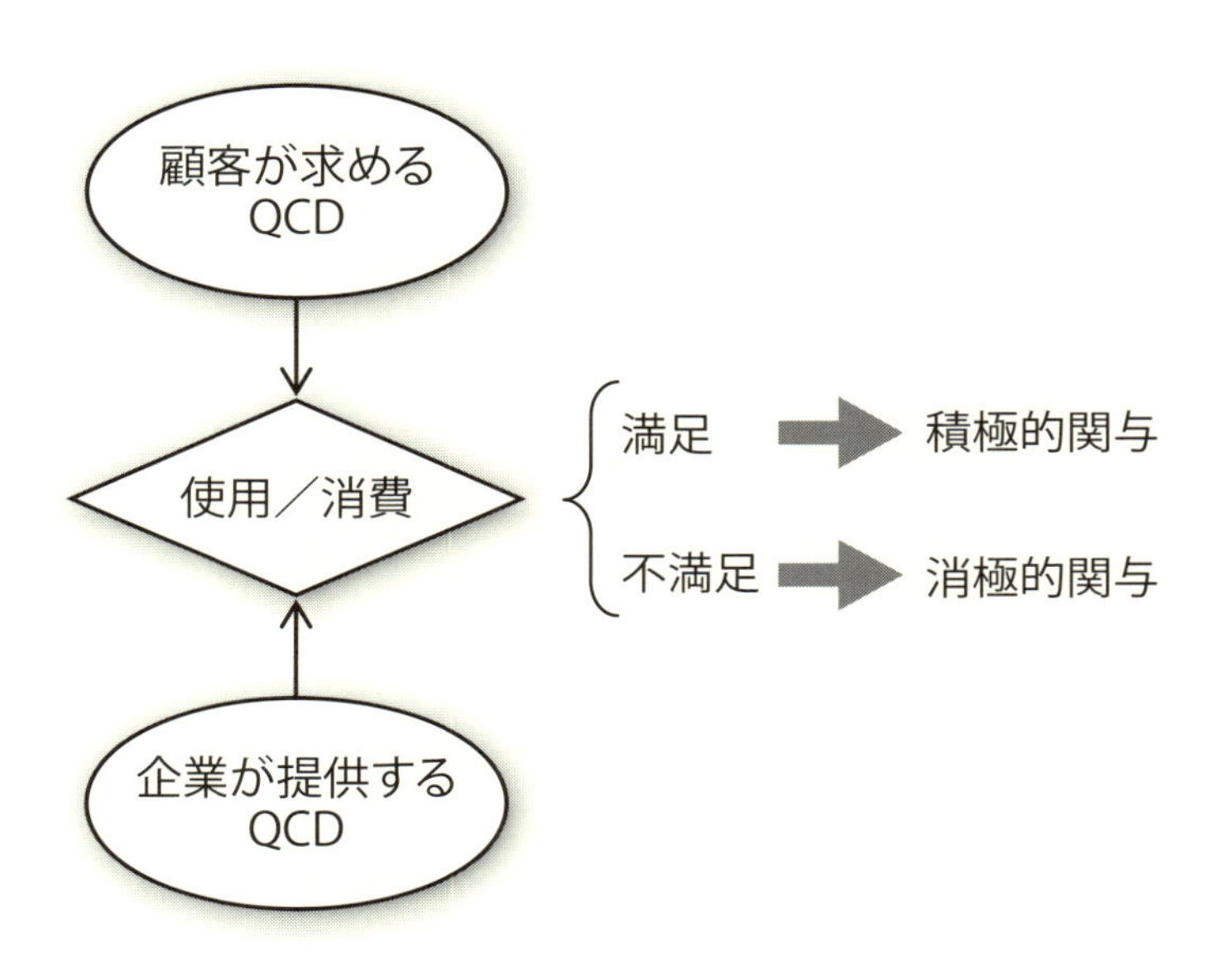

図1-1　顧客が求めるQCDと企業が提供するQCD

極的関与を示し、反対に不満足であれば、その製品を再購買せず、場合によってはその企業の他の製品も購入せず、口コミやＳＮＳを通じて低い評価を周囲に伝えるなど消極的関与を示すことになる（**図１-１**）。

サービス業においても、顧客と直に接するサービス提供の現場が顧客満足を大きく左右することは言うまでもない。こうした意味で、「現場」に相当する各部門は、各企業の付加価値を生み出す源泉として、経営体質の強化や売上・利益といった経営成果に直結する役割を担っている。

特にモノづくり企業における生産現場は、そこで働いている人たちのコミュニケーションや協働作業を通じてモチベーションや働きがいを生み出し、現場のタイプによっては働いている人の安全を担保する大切な場面となる。したがって、モノづくり企業の現場には、ＱＣＤに加えて、Ｓ（安全性）やＭ（モチベーション、場合によってはモラール）の向上も求められている。

モノづくり企業において生産現場は、流通プロセスや営業といった工場外の部門を除けば顧客に最も近く、顧客のニーズを満たす製品を生み出す「砦」となる。その意味で、生産現場ではまず第一に、「顧客に約束したＱＣＤを守り実現する力」が必要となる。

同時に、顧客ニーズの変化や他社動向といった外部環境の変化、あるいは現場で働いている人たちの考え方の変化が直接反映される場であるから、そうした変化に後追い的に追随していくのではなく、「変化を先取りし、顧客ニーズをより適切に満足できるように生産プロセスを改善していく力」が求められることになる。現場が変化を先取りして改善していくことができなければ、いかに高度な戦略目標を掲げようとも、不良品が多発して品質（Ｑ）が乱れ、その対応に余計なコスト（Ｃ）がかかり、結果として納期（Ｄ）に間に合わなくなり、約束したＱＣＤが守れなくなる。つまり、環境変化に追随していくことに精一杯となってしまえば、自ら能動的に先取り型の改善を考え実践していくことは困難になる。

こうした２つの力、すなわち「顧客と約束したＱＣＤを守る力」と、「環境変化を先取りして改善する力」の２つを合わせたものを、われわれは「現場力」と捉えている。現場力が低下すると、顧客ニーズを満たす力が弱体化し、顧客の消極的関与を引き起こして経営にマイナスのインパクトを与える。また、後追い的にコストを削減するために人件費を抑制することで、働く人たちのモチベーションを低下させてしまう。すなわち、現場力が低下することは、経営にとってマイナスとなり、企業の業績を悪化させるだけでなく、長期的には企業の経営体質そのものを悪化させてしまうことになる。

「現場力」を維持するのは人である

現場力を高めていくためには、人（Man）、原材料（Material）、設備（Machine）、方法（Method）、情報（Media）といった経営の基本要素（４Mあるいは５M）を適切に管理していくことが大切であるが、その中で特に大きな役割を果たすのが人（Man）である。

ただ、一口に「人」と言っても、企業には様々な立場の「人」がいる。製造現場では一般的に、実際に現場で加工や組立といった作業を担当する人たちを総称して「ライン」、生産管理や生産技術を担当する専門知識を持った人たちを「スタッフ」と呼び、全体を統括するのが「管理職」ということになる。さらに近年では、労働環境が多様化し、正規社員だけでなく、派遣や請負で働く非正規社員やパート・アルバイトといった短期雇用の人たちが現場に混在している。研修・教育についても、職位階層別の研修やＩＥを中心とする管理技術や固有技術の教育など、広い意味での人材教育の仕組みとして、各企業や団体において独自の工夫が進められている。

加えて、製品やサービスを作る場合には、トータルな生産プランを立て、現場を設計し管理するだけでなく、その質が維持されているかを評価する活動や仕組みが必要になる。そうした設計・管理・維持・評価といった仕事を担うのも「人」である。したがって、そういう「人」がいなければ、現場力を強化していくことは不可能である。現場力を高め維持していくためには、「人が育つ」あるいは「人を育てる」ことが重要な課題になる。

本書では、人材教育のプログラムや制度の中身を細かく紹介するのではなく、各社が現場力を高めるためにいかに工夫して人材を育てているか、特にどのような活動に重点をおき、どのような強みが現場で実現されているか、反対にそうした活動に残されている課題は何かを中心に考察している。また、職位階層別というよりも、全員参加で相互にコミュニケーションを密にし、協力し合いながら現場力向上に取り組んでいる様子を中心に紹介している。顧客が求めるＱＣＤを基本と考えるならば、立場の違いにかかわらず現場力の意味を十分に認識し、維持し、評価し、皆でそれを高めていくことが大切だと考えるからである。

ＩＥは現場力を強化し、人材育成につながる

モノづくり企業において、現場力を鍛えていくためには、固有技術と管理技術の双方を適切に用いていくことが不可欠である。固有技術とは、機械・電気・化学・制御など、製品を設計し生産する際に基本となる技術であり、一般にはハードの技術と呼ばれるものである。例えば、製品の強度や耐久性を保証するためには、個々の部品やユニットの性能を的確に設計・評価する技術が不可欠となる。同様に生産設備についても、保全や点検の仕組みを考える以前に、設備自体の故障を防ぐ技術力が必要である。またＩＴ化が進んでも、情報機器自体が誤作動したり停止してしまったりしては、顧客満足の向上は望めない。このように、固有技術は顧客が製品に求めるＱＣＤを満たす上で根幹となる。

一方で、管理技術とは、固有技術を安定的かつ的確に製品やサービスに反映し、そのＱＣＤを一定水準に保つために必要な技術である。例えば、ＱＣ（品質管理）やＰＭ（設備保全）、ＯＲ（応用数学）、エルゴノミクス（人間工学）などが管理技術の中でもよく知られた技術分野である。ＩＥも製

品のＱＣＤを向上させ、製品やサービスを提供する現場で働く人たちの安全を担保し、働きがいを向上させるための管理技術の１つである。

日本ＩＥ協会の定義では、「ＩＥは、価値とムダを顕在化させ、資源を最小化することでその価値を最大限に引き出そうとする見方・考え方であり、それを実現する技術です。仕事のやり方や時間の使い方を工夫して豊かで実りある社会を築くことをねらいとしており、製造業だけでなくサービス産業や農業、公共団体や家庭生活の中でも活用されています」とされている（http://www.j-ie.com/about/about-ie/）。要点は、製品やサービスを生み出すプロセスにおける付加価値に着目しそれを向上させることと、その一方でプロセスに内在するムダやロスを顕在化させて排除することである。

特にＩＥにおける改善の考え方としては、あるべき姿、すなわち付加価値だけで構成されるプロセスを理想としてその実現をめざす設計的アプローチと、現状のプロセスに内在するムダやロスを問題点として抽出し、それらを１つずつ排除・改善していく分析的アプローチが知られている（**図1-2**、**図1-3**）。これらのアプローチはしばしば二律背反的に語られているが、付加価値を生むプロセスだけで構成される仕事があるべき姿であり、一方でそれ以外のプロセスはすべてムダやロスと考えれば、あるべき姿と現状とのギャップがムダ・ロスに相当することになる。したがって、あるべき姿を直接実現しようとする設計的アプローチと、あるべき姿をめざしてムダ・ロスの排除を積み重ねる分析的アプローチは、共通の見方と捉えることができる。

ここでポイントとなるのは、どちらも、あるべき姿を実現しようとする、問題解決に向けたアプローチだということである。現状の仕事のプロセスを、所与で変えられないものと捉えるのではなく、あるべき姿（より主体的に表現すればありたい姿）は何かを常に考え、現状に疑問を持ち、より

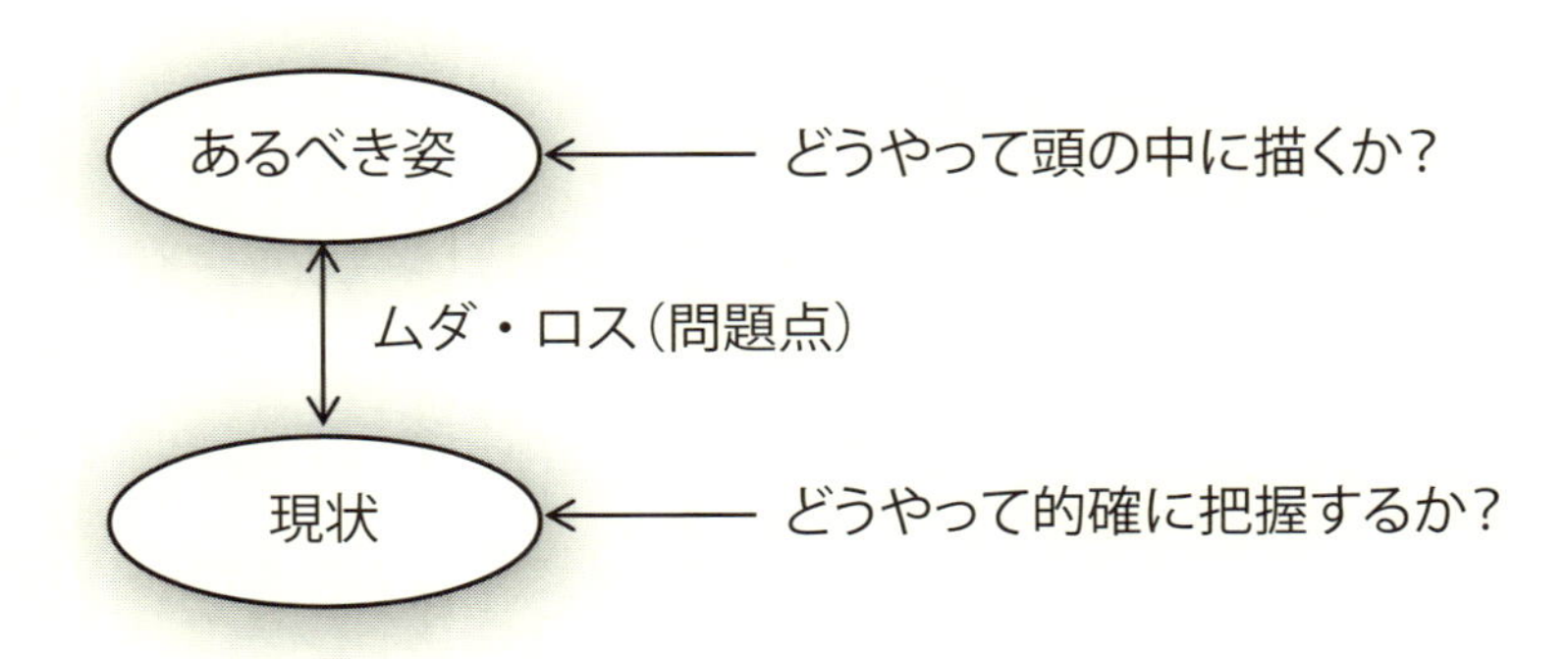

図1-2　あるべき姿と現状の対比

良い姿に改善していくことがＩＥの基本的な考え方である。

　このように、常に改善を指向していく姿勢は人の仕事に対する見方を変え、改善や変更に対する抵抗を減らし、新たなプロセスにチャレンジする姿勢を生み出していく。したがって、ＩＥの見方で仕事のプロセスを分析し改善していくことは、とかく現状肯定的になりがちなわれわれの考え方をリセットし、常に新たな仕事のやり方をめざす姿勢を強化するという点で、人材の成長を促すことになる。

　特に、与えられた仕事を日々単純に繰り返すのではなく、自らの仕事を改善していく視点や問題意識を持つことは、現場で作業する人たちが受け身になることを防ぎ、彼らの能力を大きく伸ばすことに結びつく。また、自分の作る製品が顧客にどのように使用され、そのニーズをいかに満たしているかを考えることは、ニーズの変化を先取りし、新たなニーズに迅速に対応したり、従来とは異なるニーズを発掘するなど、提案型の企業風土を生み出すきっかけにもなる。

　さらに、ＩＥの手法を専門的に学んだ生産技術スタッフや、現場部門を管理する役職者が現場に足を運び、現場で作業している人たちの工夫や苦労を把握し、それらの知恵を次

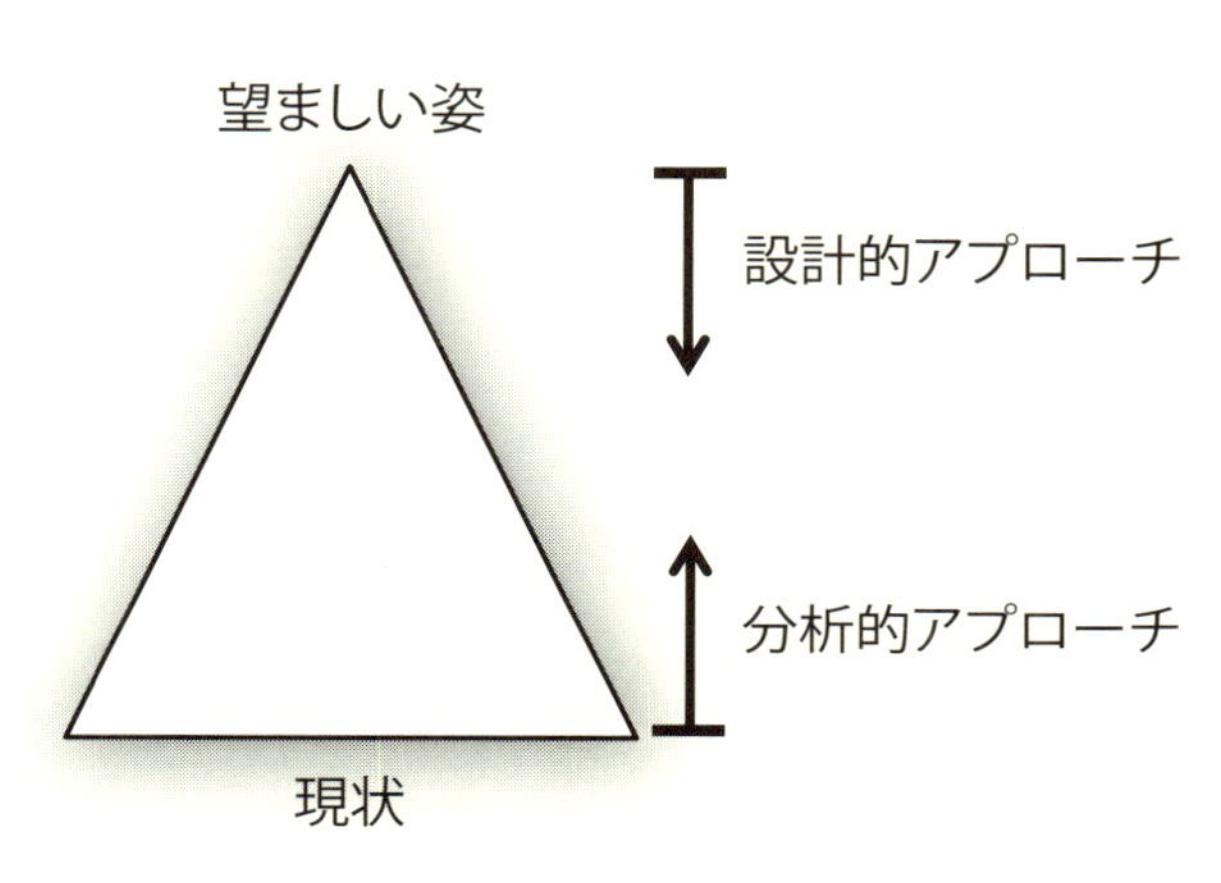

図1-3　分析的アプローチと設計的アプローチ

の製品や設備の開発・設計に取り入れていけば、現場での製造技能が設備設計や製品開発に反映されることとなり、製造、技術スタッフ、開発エンジニアといった部門の壁が取り払われ、企業全体での人材育成や技能伝承が促進されやすくなる。そうした場面に経営陣も参画すれば、全社一丸となって顧客ニーズに対応するとともに、現場で働く人たちのモチベーションを高めていくことが可能になる。人材育成や技能伝承のためには様々な仕組みも大切であるが、現場で働く人たちの目の輝きを重視することは、それらの仕組みを有効に機能させる上で最も重要である。

このように、単に「作業者」として働くのではなく、IEの技法や考え方を使って問題解決をしていくことで、人は自身の能力をどんどん向上させていく。すると、それが開発や営業といった関係部門にもプラスの影響を与える。すなわち、現場を重視することで人材が育ち、そういう人材を見ることで周囲も変わり、やがては組織全体の対応力が向上していくことになる（**図1-4**）。

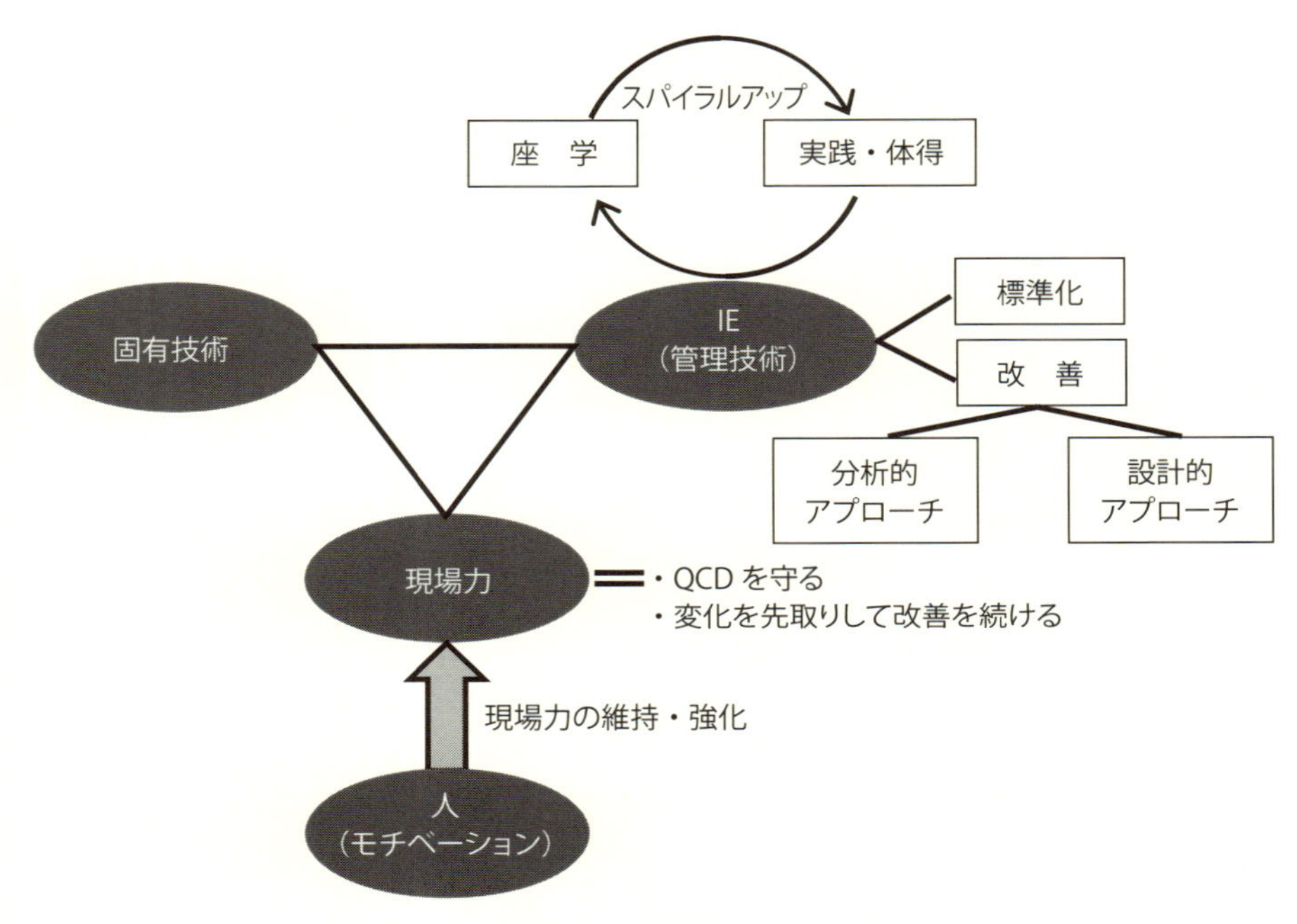

図1-4　現場が人を育てるフレームワーク

標準による現場力の強化

ＩＥの観点から、顧客が求めるＱＣＤを的確に満たす上で基本となるのは、「標準」を定めてそれを守ることである。ここで「標準を定める」とは、製品を生み出すための作業の手順（標準作業手順）と、製品1個を作るのに要する工数（標準時間）を定めることを意味している。

ＩＥの領域には、標準作業手順や標準時間を検討するために、工程分析、ワークサンプリング、レイティング、ＰＴＳ（Predetermined Time Standard）法といった手法が整備されている。近年は、多くの領域で製品が多品種化するとともに製品寿命が短期化し、製品の変化に対応することに追われて標準書類を準備する余裕を失っている企業がある。中には、標準書類を準備するプロセスが完全に欠落し、次々と場当たり的に新製品を立ち上げることが常態となっているケースもある。しかし、標準は、顧客に約束した品質を保証し、納期を守るための工数や工程手順を生産計画として準備し、同時に、約束した価格を維持するために原価を把握し、管理していく上での基本情報となる。

標準のない現場では、原価計算をしたり生産計画を立てたりすることは、論理的には不可能である。標準なしで生産するプロセスは、厳密に言えば工業製品の生産プロセスと呼べるレベルではない。

作業者が次々と入れ替わる労働環境の中でも、標準書類に従えば誰が担当しても同じ品質の製品を生み出すことができるという点で、新人の作業教育の際に標準を有効に用いることができる。ＩＴを活用すれば、文書マニュアル的な手順書ではなく、動画で作業場のレイアウトや生産手順を示したり、作業の習熟をきめ細かく管理したりすることにより、新たに配属された人が早期に一人前の作業者として自立するのを支援することも可能である。さらに、標準書類の中にベテラン技能者の経験に基づいた知恵や工夫点を記述しておけば、標準書類が技能伝承の一助として機能することにもなる。

また、生産拠点のグローバル化が進むと、日本のライン作業者とは異なる文化・習慣の人たちが生産プロセスを担当することになる。工業製品として拠点の立地条件に依存しない製品品質を保証するためには、世界中どこでも共通の標準書類を使用し、それを遵守できるような教育が必要となる。

標準書類を準備したら、それをただ遵守するだけではなく、前述した分析的アプローチや設計的アプローチを適用し、変化を先取りする形で標準作業を改善していくことが必要になる。そして、改善された新たな作業手順（道具の使い方やレイアウト）と新たな工数を、新しい標準として定め直す。すなわち、一見すると遠回りのようであるが、まずは標準書類を整備し、それを対象として改善を進め、改善成果に応じて標準書類を改訂するという、「標準と改善のサイクル」を短いインターバルで繰り返していくことがＩＥの見方として大切である。

その過程から標準書類の意味が確認され、標準が顧客の求めるＱＣＤにどのように対応しているかが共有され、さらには新人教育や技能伝承のための標準書類の活用方法が現場で検討されていく。すなわち、標準を整備することで、現場で働く人たちにＩＥの見方・考え方や標準に関係する視点が身につき、その結果として現場力が強化されていくのである。

現実の状況を見ていると、標準を定める手順をスキップしてしまい、ＩＥのスタッフや外部のコンサルタントがいきなり現場へ行き、作業現場を直接の対象として改善を試みるケースが非常に多い。しかしこれは、実は適切とは言えないアプローチである。

標準と対比することなく、いきなり作業者の手順やレイアウトを変更することは、一見すると効率的なようだが、ＩＥの視点から冷静に考えると、作業者が日々実践している作業方法を十分な説明もなく変更することになり、現場で人を育成しようとの考え方に逆行する。それでは、現場の人たちは改善活動に協力的にならないし、ＱＣＤの点でどれだけ改善されたかを定量的に評価することも難しくなる。もちろん、現場で現物に触れながら作業者と一緒に改善案を考えることは大切だが、本来の改善とは、現状の標準作業を、より早く楽にできるやり方に変えていくことである。

標準と改善のサイクルを繰り返していくためには、ＩＥの手法や考え方をいかに教育し、その教育をいかに拡げ、実際に現場のＱＣＤを守る活動や改善活動に活かしていくかがポイントになる。ＩＥの原点の1つは、現場で標準と改善のサイクルを回していくことであり、そのサイクルを繰り返す過程で標準の定め方とその改善の仕方をマスターした人材が育っていくのである。

2 「現場で人が育つ」ためには？

それでは、ＩＥの手法や考え方を勉強すればただちに現場力が向上するかというと、それだけでは不十分である。手法を学ぶだけでなく、実際に現場に出て手法を実践し、ＩＥの考え方を「体得」しないと、本当の意味での「ＩＥを身につけた人」は育たない。もちろん、知識が不十分なレベルで、いきなり現場で改善にトライするというのも片手落ちである。ＩＥの見方・考え方は、「座学」と「現場での実践」の両方を繰り返すことで、初めて真に身につくものである（**図1-5**）。

座学の役割は問題発見の視点を身につけること

ここでまず、座学の意味と役割を考えてみよう。座学とは、基本的なＩＥの知識を学んだり、現場を分析する手法や改善手法を学んだりする、いわゆる「知識の習得」である。

ＩＥの領域には、工程分析、作業分析、動作分析、稼働分析、レイアウト分析など、対象とする分析内容に応じて様々な分析手法がある。学習プランとしては、それらを組み合わせたプログラムが一般的となる。これらの分析手法の習得に加えて、「現場のムダを顕在化する」「ありたい姿をつくる」といったねらいを付加してプログラムを編成することも多い。日本ＩＥ協会でも、「ＩＥ手法の習得」

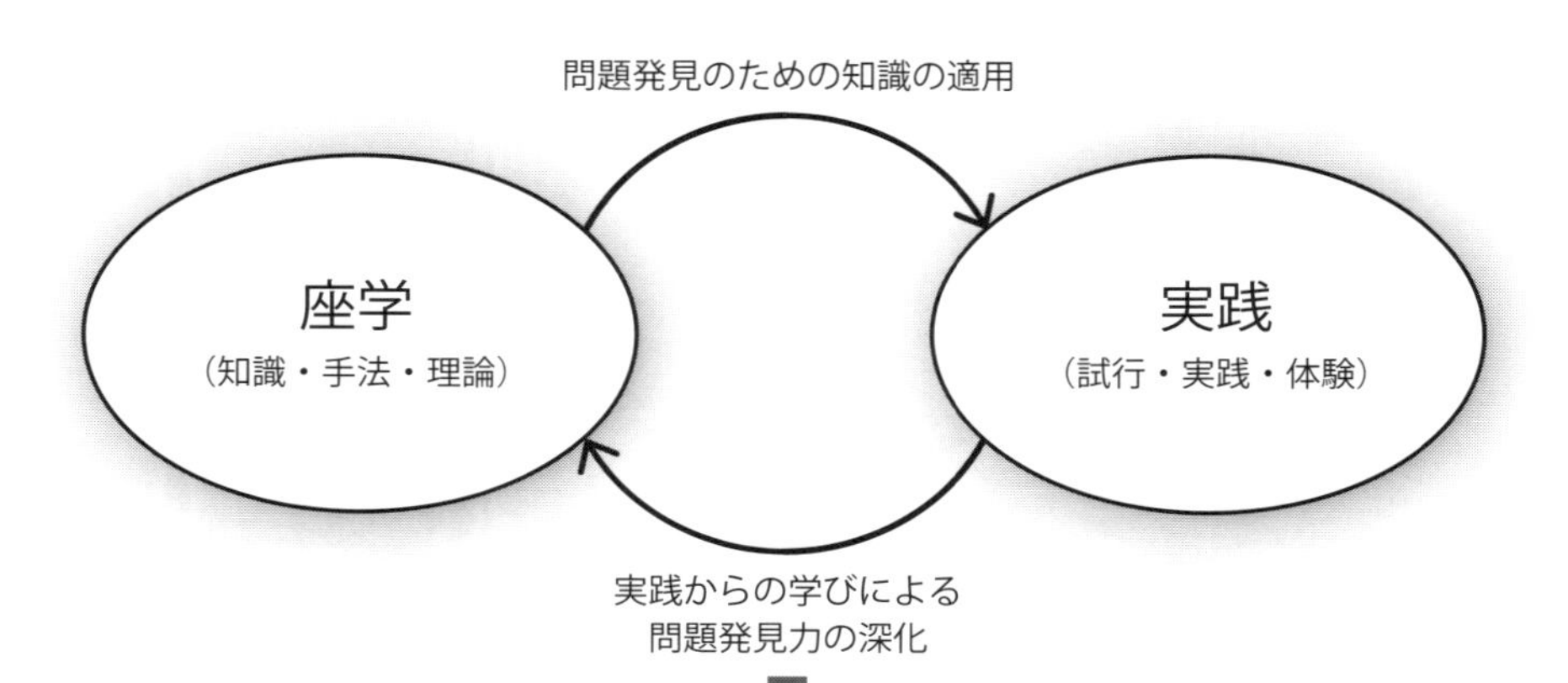

図1-5　「座学」と「実践」のフィードバック

「改善の進め方」といった内容のセミナーを実施している。多くの生産企業でも、研修や勉強会など、ＩＥの手法を学習する機会が人材育成体系の一部として準備されている。

先に述べた通り、ＩＥは、標準資料を作成しそれを改善していくための手法と考え方の体系であり、座学の目的はそれらを知識として学び、特に重要な「問題を発見する力」と「問題を解決する力」を身につけ、改善の着眼点を養うことである。

より具体的に言えば、座学では、現場で起きている作業のプロセスを、作業者の動きやモノの動きに着目して分析し、その結果をまとめ、ＥＣＲＳ（Eliminate, Combine, Rearrange, Simplify）の原則、５Ｗ１Ｈ（Why, When, Who, Where, What, How）の問いかけ、動作経済の原則などを適用して、ムダやロスを見つけたり、改善案を実行していく力をつけることを目的としている。

例えば、作業や動作の問題点を意識し、より効率的な作業方法を探求するために作業者の動作に着目する見方を「モーションマインド」と呼ぶ。「モーションマインド」では、作業者の動作を、ムダがないか、かがんだり伸び上がったりするムリな姿勢がないかという視点からじっくり観察する。あるいは、材料や仕掛品といったモノについては、その流れにムダがないか、向き替えや停滞が発生していないかと問いかけながら現場を見る。

座学では、単に「知識を身につける」だけではなく、「どこに問題があるか」を発見できるようになるために、「ＩＥの手法」という知識体系を適切に使う訓練をしていくことが大切になる。そのために、現物を作った演習、ビデオを用いた改善課題などに取り組み、どこにどのような問題があるかを見出し、それを解決するための複数の代替案をリストアップする。さらに、それらをどのように比較・評価すべきか、改善効果はどのくらいになるかを検討し、現場で活用できる知識の体系を身につけていく。その後に現場で実践してみると、新たな分析手法を身につける必要性に気づいたり、一度学んだ改善の原則の意味合いを実感として深く理解したりすることが可能になる。

ＩＥの手法や見方を学んでおかないと、「ムダを見つける視点を養おう」「在庫のムダを現場に行って見つけよう」としても、実際にどのような分析をすればよいかわからず、問題を発見しにくくなる。その意味で、座学が果たす役割は大きい。なお、座学においては分析手法を学ぶことが主流になりがちだが、分析する各人が頭の中に「あるべき姿」を描きながら現場を観察すると、普段は当たり前のように思えていた作業者の動きやモノの流れに潜むムダやロスに気づくことが可能になる。したがって、様々な分析手法だけでなく、図1‐3に示した設計的アプローチの考え方も合わせて学ぶことが、問題発見力を身につける上で大切になる。

「座学」と「現場での実践」を繰り返すことによるIE人材の育成

一方、IEの領域で大切なことは、座学による学び（知識）ばかりに頼っていてはいけない、ということである。様々な分析手法や原則を覚え、演習問題に取り組むだけでなく、現場で実践してみないと実感としての理解が深まらない。例えば、設備が短時間停止する「チョコ停」は、現場でのモノの流れや設備のメカニズムをじっくり観察すれば、その原因を予測できる。不良についても、現場で不良が発生する事象を詳細に観察することが、問題解決のヒントを与えてくれる。

「現場を見る」ときには、「現場で何をどう見るか」を適切に理解していることが必要である。座学では、現場の「見方」や「着眼点」を理論として学ぶが、実際の現場は様々な現象が複合的に起きている複雑な場であり、机上で学んだ分析手法がそのまま適用できるとは限らない。

例えば精密加工の職場では、その日に使用する材料の材質や温度・湿度に応じて、作業者が作業方法を微調整している。検査工程では、ベテラン作業者がモノに触れた瞬間の感覚や視点の動きに注意しながら不良品を見つけている。実際の設備の様子、道具の置き方、人の表情、場の雰囲気といった、現場を構成している様々な要素を詳細に観察することで、「現場に対する見方」が深まり、知識と紐づけられ、全体の問題構造が把握されていく。つまり、座学で学んだ知識と観察結果が融合し、問題発見・問題解決の体系的なフレームワークとしてIEの見方・考え方が「体得」されていくのである。

現場での問題発見や改善にチャレンジする過程から、分析や改善のためにどのような手法が必要で、それをどんな方法で教え学んでいけばよいかを考えやすくなる。現場での実態をじっくり観察することが、座学で学んだ知識を実際に使えるものに進化・深化させていく上で重要になる。

ＩＥで自らも成長できる

現場で何らかの課題に直面したとき、座学で学んだ体系的な知識と照らし合わせて原因や対策を考えることによって、課題の解決方法の手がかりを体系的に考えることが可能になる。

例えば、工程分析をする際、現場できちんと対象作業を観察していれば、単に分析記号を分析表に書き込むだけでなく、分析表に注記として、「この作業には力が必要」「○○に注意しながら作業している」など、詳細なコメントを書き込むことが可能になる。そうした経験を繰り返すことで、現場作業のビデオを見るだけで問題点に気づき、適切なコメントを書けるようになる。しかし「座学」と「現場での実践」の繰り返しを経験していないと、単に分析記号を羅列した分析表をつくるだけで、具体的な問題発見や改善の手がかりを記述することは難しくなる。

適切な分析表をつくるためには、座学で現場の映像を見ながら分析手法を学ぶ演習を繰り返すのが一般的である。ただし、教室内で分析結果の適否を評価されるだけでは、ＩＥへの興味や関心が薄れてしまうことが多い。現場を見ないで分析手法を覚えるだけでは、現場でその結果がどのように活かされるかがイメージできず、ＩＥの学習はつまらなくなる。そのような残念な結果を生じないためにも、座学と実践を繰り返して人材を育成し、ＩＥの面白さを伝えることのできる人を増やしていくことが大切である。

このように、ＩＥとは、知識を学習すれば自動的に実践が可能になる学問ではない。現場を見る力と知識の両方を体得することで、初めて現場力を高めて経営に貢献することができる技術である。ＩＥの見方・考え方を用いて現場の力を高めていくためには、**図1-5**に示すように、「座学」と「現場での実践」を繰り返すことが必要である。また、「分析した結果を改善に結びつける」ことを目的とすることが大切で、そこに現場力に直結する手法・考え方としてのＩＥの面白さがある。

ここで注意したいのは、人材を育成するためにカリキュラムや仕組みを考えようとすると、「座学に力点を置いて分析手法を学ぶ」ことを目的としてしまうケースが多いことである。そうではなく、「座学」と「現場での実践」という双方からの学びが必要である。知識を身につけるための座学と、その知識を実践する現場での体験がスパイラルアップして、初めてＩＥの見方や考え方を身につけた人が育ち、それが先取り型の改善を生み出す原動力になっていく。

「ライン」「スタッフ」「経営者」全員が現場に入ろう

生産現場において「人材」というとき、「ライン」「スタッフ」「管理者」などの役割に応じて区分するのが一般的である。しかし、顧客が期待するＱＣＤを満たし、日々改善が進む強い現場を実現するためには、それぞれが役割に応じた責任を果たすことに加えて、本来、現場にいる全員が協力し合って「顧客に約束したＱＣＤを守り、改善し続ける」現場を築いていかねばならない。

したがって、ラインもスタッフも、そして管理職も、座学での勉強と現場での実践を通じてＩＥの考え方を身につけ、「付加価値とムダの追求」を進め、改善を継続していくのが理想的な組織の姿である。さらに、そうした現場にトップ自らが足を運んで現場の意見に耳を傾ければ、現場で働く人たちのモチベーションが向上し、組織全体が現場力を高めていくことになる。

しかし実際には、管理職や経営幹部層の人たちにとって、座学と現場での体得を繰り返していく時間的余裕を確保することは容易ではない。特に現場が本社部門から距離的に離れている場合や、数多くの現場を持つ場合には、座学はともかく、「現場へ行く」ことは容易ではなくなる。

ＩＴが発達した今日では、遠く離れた本社オフィスでも、現場の様子をリアルタイムで把握できるし、映像により現場の動きをリアルタイムで伝える方法もある。現場との間を往復する時間を考えると、その方が効率的という考え方もあるだろう。実際に設備の稼働状況を遠隔地で集中的にモニタリングするなど、優れたＩＴシステムも開発されている。

しかし、現場に足を運ぶことなしに、座学で学んだＩＥの見方や考え方を実践していくことは困難である。特に、現場で生み出される製品のＱＣＤが作業者という「人」の働きに大きく依存している場合には、現場での出来事を的確に把握し、不良や設備停止といった不具合を少しでも早く検知することが重要になる。

生産プロセスや道具、設備、仕掛品、製品などの現物を見るのはもちろん、ラインで働いている人の表情や動きを見て、作業の難易度や適切な作業量に気を配るという感覚も大切である。また、エンジニアにとっては、自社の固有技術が反映されている姿を見るという意味でも、現場に足を運ぶことが大切ではないだろうか。現場で製品や設備の現物を見ながら考える現場重視の姿勢が、現場力を強化していく鍵になる。企業全体をリードしていく立場にあるトップなら、なおさら、そうした現場重視の姿勢を示すことが重要である。

3 「人が育つ」3つの職場

本書では、『IEレビュー』誌に掲載されたケースの中から、「現場で人材を育成する」ことに注力している事例として、トヨタ車体、キユーピー、マルヤス・セキソーグループの3社を紹介している。各社の事例では、例えば標準化への教育を徹底したり、わかりやすいスローガンを掲げたり、「全員参加での改善活動」を推進するなど、自社に合った独自の方法がとられている。

これら3社の事例から、各社がどのようにして現場で人材を育成してきたか、どんな工夫をしてきたかを考えてみたい。以下の第2部では『IEレビュー』誌に掲載された3社のケースを紹介し、第3部では各社の現場で見学したこと、およびインタビューした内容に基づき考察を加えた。各社がどのような活動を通じて人材を育ててきたか、そしてそうした人材が各社の現場力をどのように高めてきたか、「現場力」と「人材」のスパイラルアップに着目し、「現場が人を育てる」ために大切な視点と、そこでのIEの見方・考え方の役割について考えていきたい。

第1章

基本を徹底し、さらなる高みをめざす現場

基本を徹底する活動　～トヨタ車体

第1部で述べたように、「現場力」を強化するためには、「顧客に約束したＱＣＤを守る」意味と大切さを、現場の人たちに理解してもらうことが出発点となる。その際、作業手順や標準時間を定める標準資料を整備し、全員が標準を遵守することが基本となる。自動車産業では作業者の入れ替わりが激しく、特に新車種立ち上げのたびに標準を徹底する努力が必要となる。そうした標準化をベースに、「基本を徹底する活動」を粛々と続け、現場力の向上を実現しているのがトヨタ車体である。

同社の活動の出発点は、「標準が守られていない」ことへの危機感であった。一時、トヨタグループにおいて品質面で最下位に陥ったことをきっかけとして、あるリーダーが「基本に戻ろう」と叫び、「5ゲン（現地・現物・現実・原理・原則）主義」と5Ｓ（整理・整頓・清掃・清潔・躾）に「習慣」を加えた6Ｓ活動を展開し、標準を守ることの大切さを作業者に伝えていった。現場が整理・整頓され、皆が現場・現物に着目すれば、標準が守られていない工程やその原因が見つけやすくなる。標準を定め、それを守り、さらにその標準作業を改善していくという地道な活動を継続することにより、現在ではオールトヨタで№1の品質水準を実現している。さらに、新車種の立ち上げ時には、生産技術や製品開発の担当者とともに全社的な改善活動に取り組んでいる。

どのような活動を進め、どんな人材が育っているか、トヨタ車体のケース・スタディを見てみよう。

Company Profile

会社名	トヨタ車体㈱
設立	1945年8月31日
本社	愛知県刈谷市一里山町金山100
事業所	本社/富士松工場・いなべ工場・吉原工場・刈谷工場・寿 新規開発センター
事業内容	トヨタ車の企画・開発・生産
代表者	代表取締役会長　網岡卓二 代表取締役社長　岩瀬隆広
資本金	103億7,000万円（2015年3月末現在）
従業員数	17,511人（2015年3月31日現在〔連結〕）

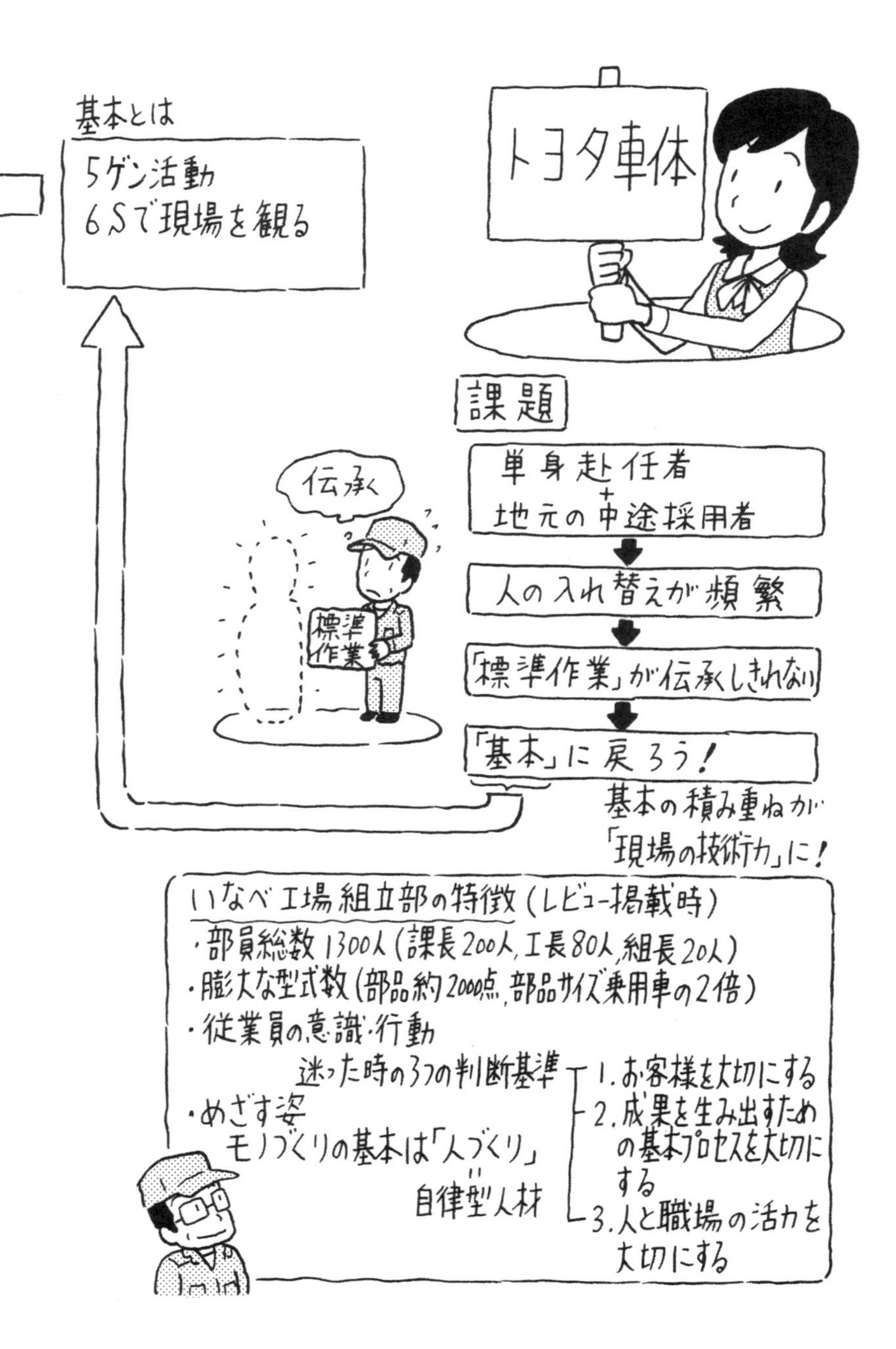

基本とは
5ゲン活動
6Sで現場を観る
トヨタ車体
課題
単身赴任者
+
地元の中途採用者
人の入れ替えが頻繁
「標準作業」が伝承しきれない
「基本」に戻ろう！
基本の積み重ねが
「現場の技術力」に！
伝承く
標準作業
いなべ工場組立部の特徴（レビュー掲載時）
・部員総数1300人（課長200人、工長80人、組長20人）
・膨大な型式数（部品約2000点、部品サイズ乗用車の2倍）
・従業員の意識・行動
迷った時の3つの判断基準
1.お客様を大切にする
2.成果を生み出すための基本プロセスを大切にする
3.人と職場の活力を大切にする
・めざす姿
モノづくりの基本は「人づくり」
自律型人材

やったこと

- 全員参加のあいさつ,清掃からスタート
  - ↳異常が見える風景（風土）に
- 不良0工程づくり（1工程改善）
  - ↳標準書を現場観察から問題を見つけ
    ムリ、ムラ、ムダを抽出し改善
- オペレータとの対話活動
  - ↳オペレータからの申告が9項目から24項目に！

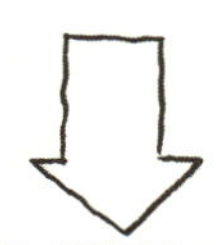

さらなる高みへ！（改善意欲が湧く）

- もっと造りやすい車に！→「気遣い作業」に発展
- 現場技術も蓄積

改善

結果　人がどう育つようになったか

- 具体的に改善提案できる人が育つ
- 技術を伝承できる人が育つ

ＩＥ教育を徹底した柔軟な生産ラインづくり

基本に戻ろう

本稿の舞台であるいなべ工場は、１９９３年にトヨタ車体の最新鋭工場として設立された。その人員構成は、愛知県からの単身赴任者と三重県の地元の中途採用者が大半である。赴任期間は3年と短く、2年目半ばころから「人の入れ替え」が頻繁に行われていた。そのため、モノづくりの基本である「標準作業」がうまく教えきれない（伝承しきれない）まま、数年が経過してしまう。その結果、製造品質でオールトヨタ最下位という状況を招き、数々の施策を打つが成果が得られないでいた。

こうして工場内に閉塞感がただよったとき、「基本に戻ろう」と叫んで実行に移したリーダーがいた。変革を求められる時代に、変えてはいけない部分に気づいたリーダーだった。この基本の積み重ね（蓄積）が「現場の技術力」である。また、地道な活動のため、継続には監督者の「粘りと根気＝本気度」が試される。

組立工程の概要

生産車種と工程フロー

トヨタ車体が生産する製品には、ハイエース、アルファード、ヴェルファイア、グランビア（欧州ハイエース）などがある。

自動車の生産は、プレス工程～板金工程～塗装工程～組立工程（車両検査）～顧客となっている。

組立工程は、工場の最終工程であり、単に部品を組み付けるだけではなく完成車両として顧客に保証する重要な工程である。

組立部組織

組立部の組織は総勢１３００人の大所帯で、管理スパンは課長２００人、工長80人、組長20人である。生産の最先端の管理監督者の実務は、工長、組長となる。工長の役割は「マネジメント」であり、組長の役割は「標準づくり」「工程づくり」「人材育成」である。

いなべ組立工程の特徴

①顧客の要求品質はレクサス同等、いや、それ以上！

車は、顧客にとってかけがえのない１台である。外見の見栄えはもちろん、走行距離の多さ（ハイエースなどは30万km超）からすると、レクサス以上の品質を要求される。

②膨大な型式数を間違いなく作り分け

一口にハイエースと言っても型式数が多く、この車種だけで１４３型式ある。バスのように人を大勢乗せるためシートも多く、ナビやオーディオなど贅沢品を多数つけた車や、荷物を載せるための最小限のシートだけのもの、サイドガラスもないバン仕様まで、約２０００点の部品を1点たりとも間違いなく組み付ける難しさがある。

③部品サイズが乗用車の２倍

例えば、内装材の天井は乗用車の１・６ｍ×１・３ｍに対して、ハイエースは４・２ｍ×１・５ｍと約2倍以上の大きさがある。どうやって車内に持ち込み、取り付けるかは、独自の組付方法を開発している。

従業員の意識・行動

大切にするもの

図2-1-1は、日常業務を進める上での「心構え」であり、迷ったときの判断基準でもある。自分たちが大切にするものは、以下の３つである。

①顧客を大切にする

仕事の結果は顧客が評価するものであるため、判断に迷ったときは、「世のため人のため」をベースにおいて、慎重に考慮し行動することを大切にしている。

②成果を生み出すための業務のプロセスを大切にする

顧客が評価する成果を、効果的・継続的に上げ続ける必要がある。そのために、業務のプロセスや仕事の仕方を大切に考えている。

顧客を大切にする

世のため人のために尽くすことをめざしている。仕事の結果は顧客が評価する。判断を迷ったときは、「世のため人のため」をベースにおいて慎重に考慮し行動することが大切

成果を生み出すための業務のプロセスを大切にする

成果は効果的・継続的に上げ続けなければならない。そのために業務のプロセスや仕事の仕方を大切に考える

人と職場の活力を大切にする

企業活動の源泉は、１人ひとりの従業員の幸せと安全で健全な職場にある。成長のための基盤として、人と職場の活力を大切にする

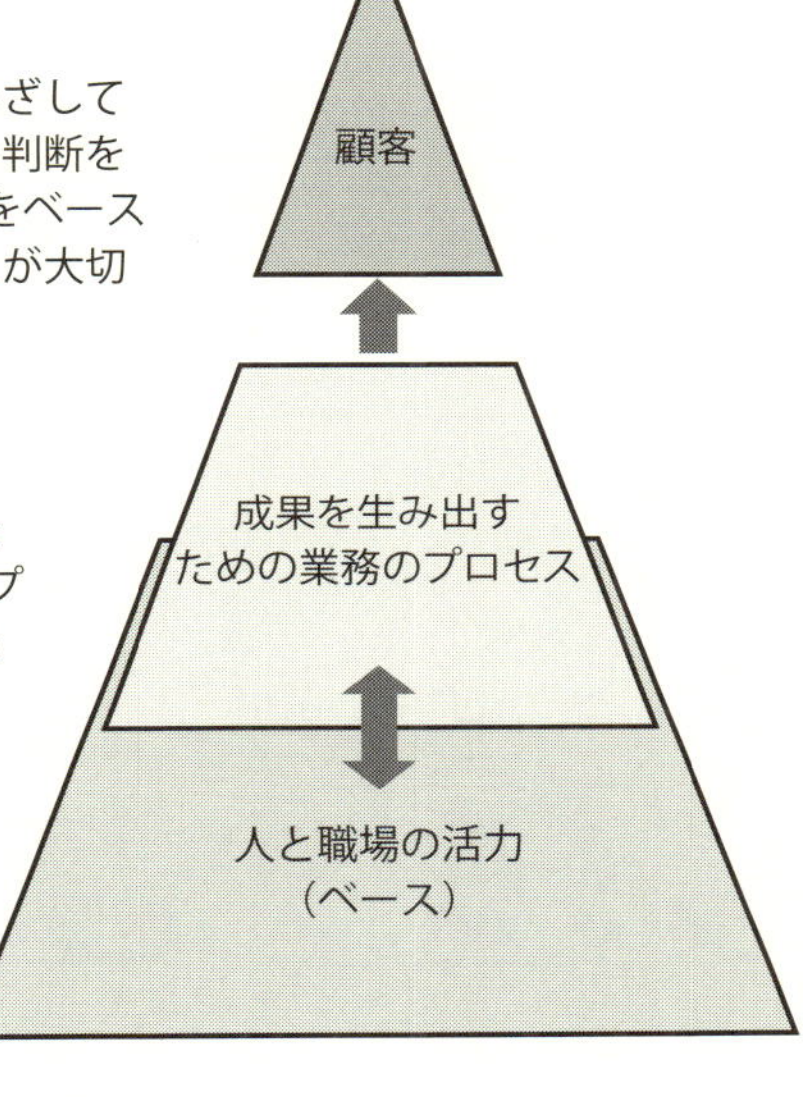

図2-1-1　私たちの大切にするもの

③人と職場の活力を大切にする

企業活動の源泉は、１人ひとりの従業員の幸せと安全で健全な職場にある。成長のための基盤として、人と職場の活力を大切にしている。

いなべ組立部のめざす姿

図2-1-2は、いなべ組立部のめざす姿である。モノづくりの基本は「人づくり」である。深堀りができて、あるべき姿を描き、それに向けて挑戦の取り組みができる人、一言で言えば「自律型人材」を育成していくことである。従来は、会社目標を達成すればよいという短期・単発的で、達成感を味わいにくいものであった。しかし、今、めざしているものは、商用車・RVメーカーとして、「世界の№１であり、独創的なモノづくりができるオンリーワンの人材集団」である。そのために、あるべき姿を描き、到達へのシナリオを

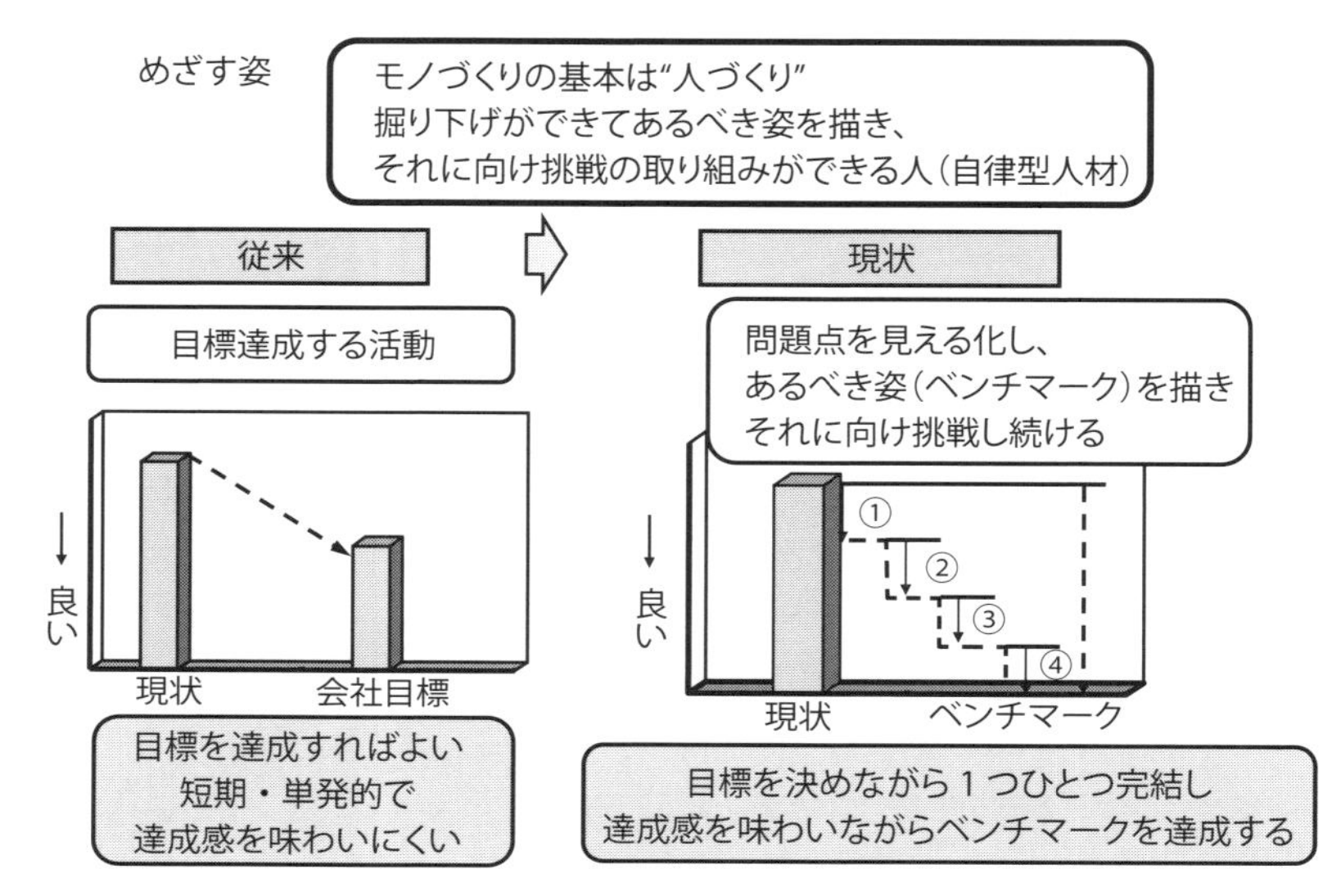

図2-1-2　いなべ組立部のめざす姿

全員が共有すること。そして、シナリオ中の諸目標を1つひとつクリアすることで、達成感を味わいながら挑戦を続けていく。「会社目標は各年度での通過点にすぎない」という考えである。

叫びから始まった

図2-1-3は、いなべ工場の品質の歩みを示す。2005年を境に大きく改善されたことがわかる。人材育成の大切さがよくわかった時期でもある。過去の品質問題や災害をひも解いて見ると、9割が再発である。原因は「今まで決めた標準やルールが教えきれていない」「徹底して守ろうとする体質ができていない」というものであった。これは、生産の「基本の部分」に弱点を抱えていることになる。

「基本に戻ろう」と叫んで実行に移した、リーダーがいた。そこから基本を徹底的に勉強し、品質を守る活動が始まった。

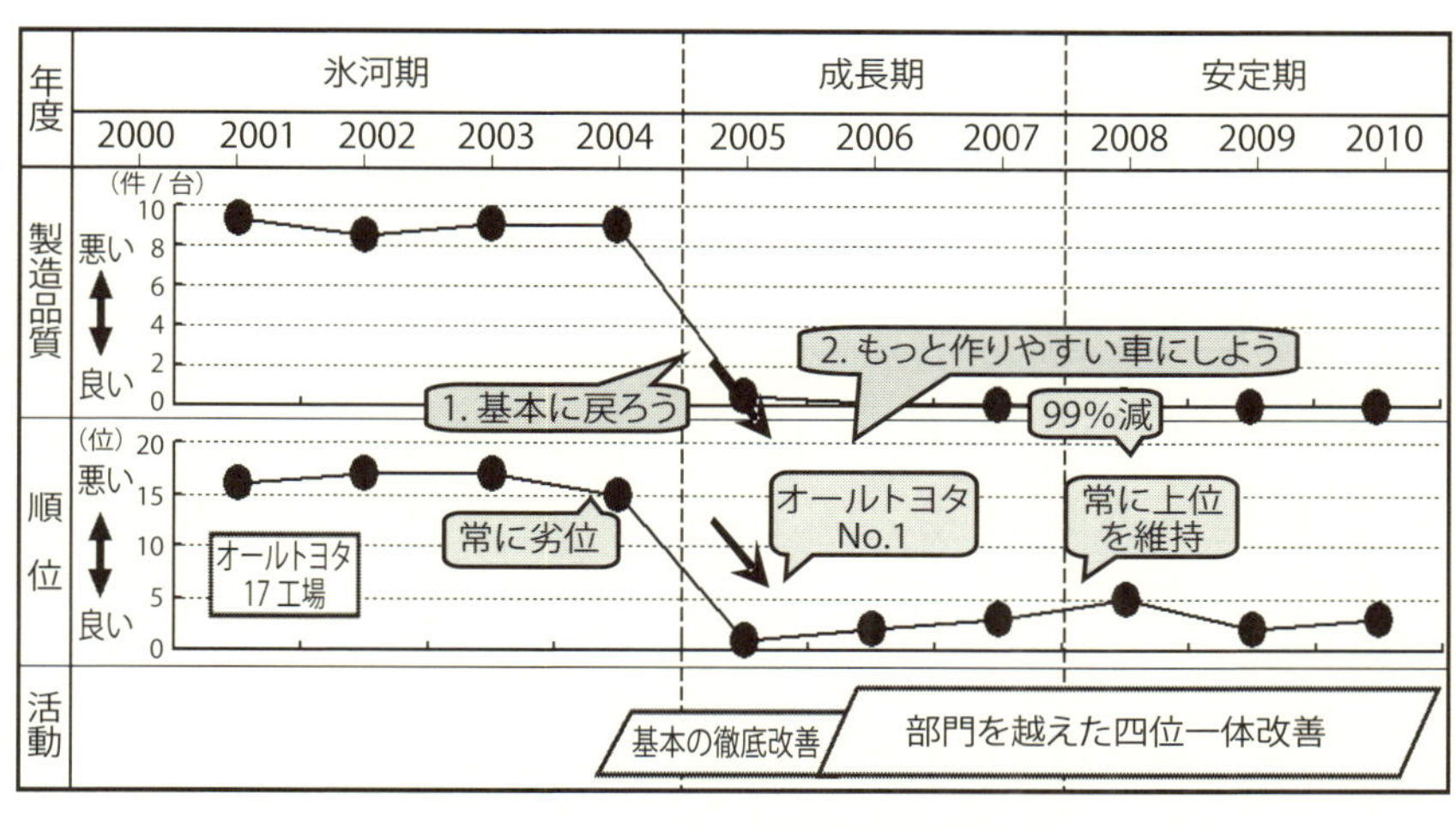

図2-1-3　人づくり活動と品質の歩み

基本の徹底活動

現地・現物・現実で職場の弱点（問題）を「見きる力」「解決する力」「指導する力」という「３つの力と技」を身につけ、実践できる管理・監督者（工長が中心）を育成することが重要である。

基本の徹底は、５ゲン主義である「現地」「現物」「現実」「原理」「原則」や、標準・基準・規格・水準・ルールなどの「ものさし」を学ぶことから始める。その知識をもとに、「現地・現物・現実」を科学的に観て「カイゼン」していく活動である。活動の仕方は、①常に６Ｓで現場を観るクセを大切にしている。特に、６Ｓ（習慣）に重きをおくこと、②常に工程をスルー（入口〜出口）で観る能力をつけること、を指導している（**図2-1-4**）。

徹底活動の原点

いい仕事は、いい仕事場から生まれる。そのために、「全員参加のあいさつ・清掃」からスタートした。全体推進日程で、いつ、誰が、どこを、明確にし

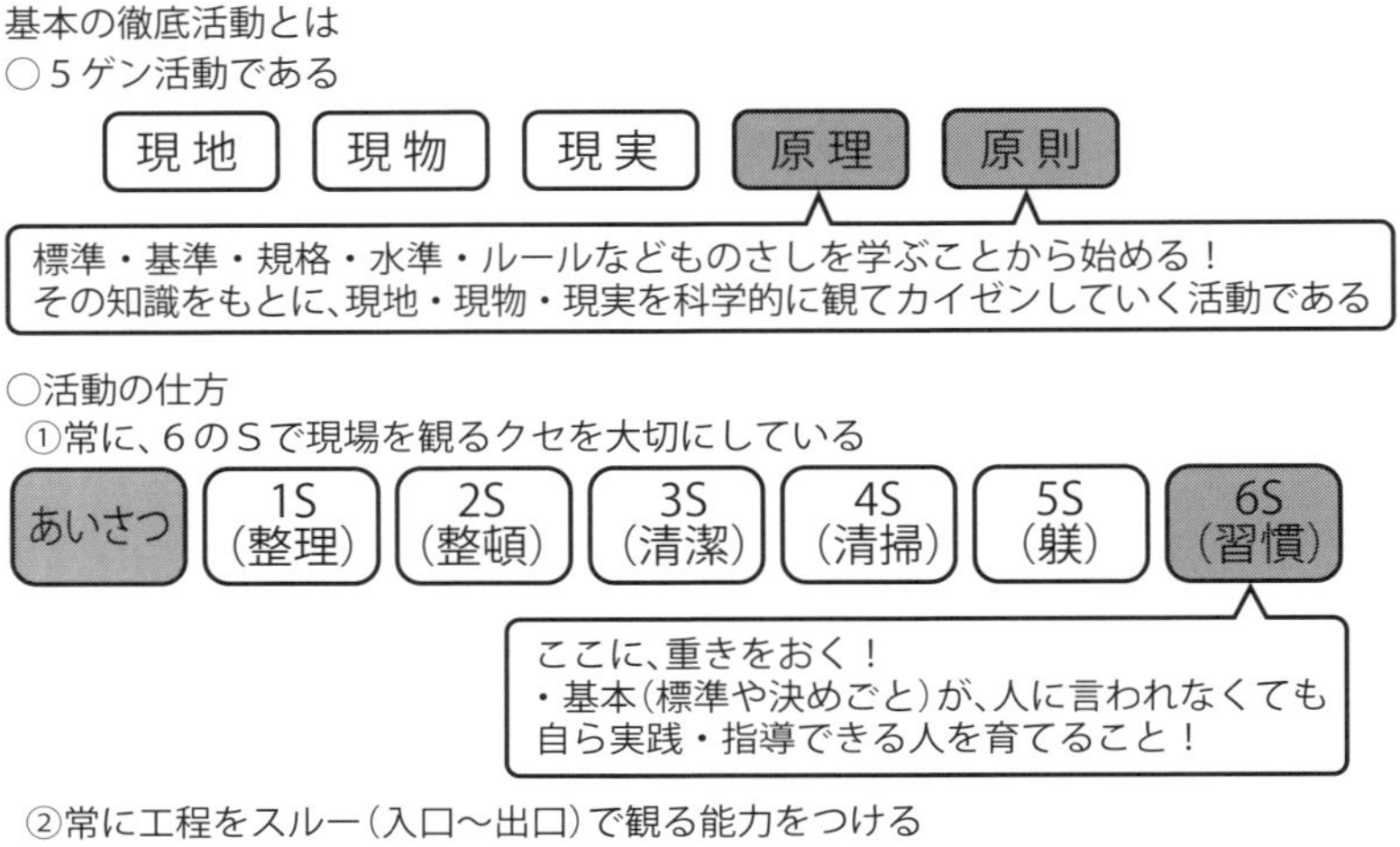

基本の徹底活動とは
○５ゲン活動である

現地　現物　現実　原理　原則

標準・基準・規格・水準・ルールなどものさしを学ぶことから始める！
その知識をもとに、現地・現物・現実を科学的に観てカイゼンしていく活動である

○活動の仕方
①常に、６のＳで現場を観るクセを大切にしている

あいさつ　1S（整理）　2S（整頓）　3S（清潔）　4S（清掃）　5S（躾）　6S（習慣）

ここに、重きをおく！
・基本（標準や決めごと）が、人に言われなくても
自ら実践・指導できる人を育てること！

②常に工程をスルー（入口〜出口）で観る能力をつける

図2-1-4　基本の徹底活動

て、それぞれの設備には、清掃状態を掲示（いつ実施したか、次回の予定は、責任者は）、重要設備は、マイ設備宣言して愛情を込めて面倒を見るなど、習慣づけを続けている。設備保全部署・使用部署が一丸となって、異常が見える風景（風土）ができた。

全員が改善の面白さを知る

「不良０工程づくり（１工程改善）」の考え方と攻め方は、標準書と現場観察の違いから問題を見つけ、「ムリ、ムラ、ムダ」を徹底的に抽出し、改善していくもの。これは一工程一工程で実施し、全１３９工程を繰り返し実施するものである。

その活動の様子が**図2-1-5**である。計画は工長が立案し、部長・課長が２週間に一度、現地でフォロー、指導を実施している。作業者のモチベーションを上げるために、工程別不良０達成状況（星取表）やグループリーダー（ＧＬ）の改善能力をマップにつけて「**見える化**」をしている。

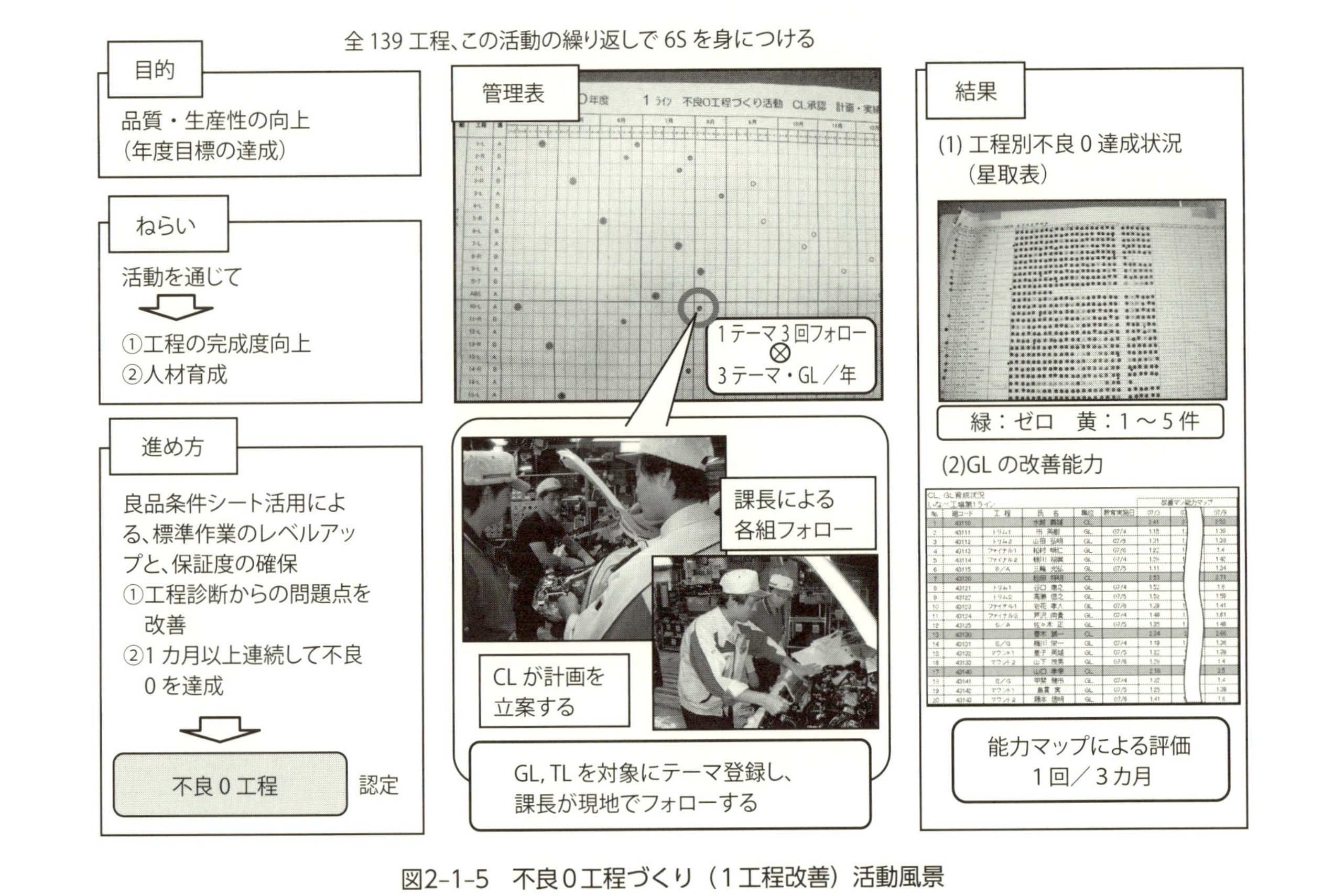

図2-1-5　不良0工程づくり（1工程改善）活動風景

さらに、1カ月以上連続して不良0件を達成すると、不良0工程を認定している。この活動の繰り返しで、業務を楽しみながら「6S」を身につけている。

オペレータとの対話を大切に

この活動の中で、もう1つ紹介したいのが「オペレータとの対話活動」である。潜在化している問題点を顕在し、そこで自分にはない、気づかない感性こそを大切にしている。生産の最前線にいるオペレータからもらう生きた情報は大変重要である。どのように接したら、漏れなく言ってくれるのだろうか。

組長は、変化点があれば必ず自らやってみて、それに過去の経験を加味し、対話に臨んでいる。その結果として、オペレータからの申告がこれまで9項目であったものが24項目と3倍にもなった。

成果の伝承

成果の伝承は、二度と同じ失敗を繰り返さないために標準類へ反映させる。足・手・目まで「動作基準」に落とし込み、守らないとどれだけ重大な問題を引き起こすかまでを記載して、教育に使用する。これが「現場技術の蓄積である」（**図2-1-6**）。

さらなる高みへ

ここまで改善が進むと、次は部門を越えて製品構造や工法、設備が計画されるところまで改善意欲

標準類へ反映（二度と同じ失敗をしない。させないための財産）

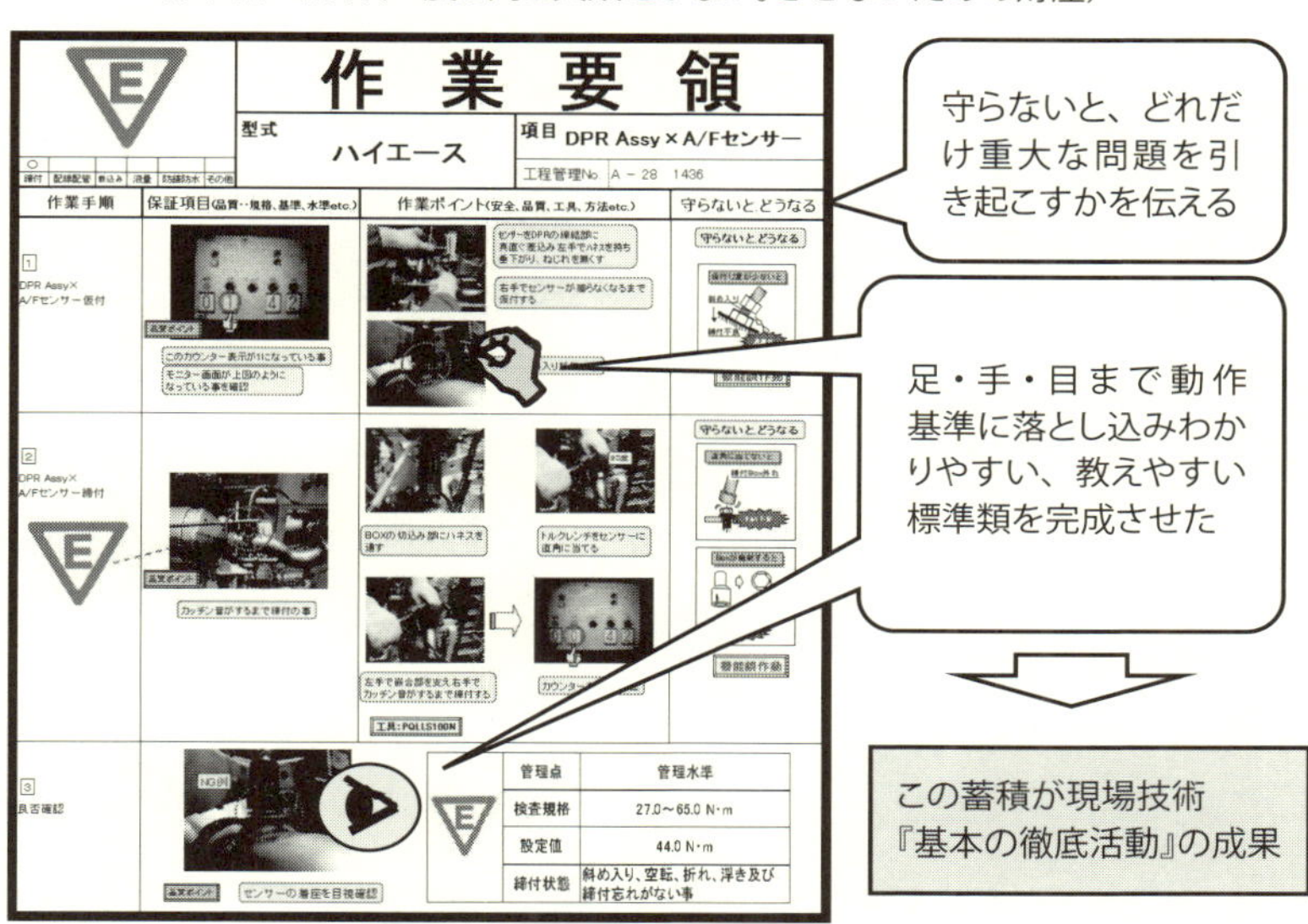

図2-1-6　成果の伝承

が湧き、具体的提案ができるようになってきた。「俺は車をこう作りたいんだ」というようにである。つまり、「もっと作りやすい車にしよう」という発想である。

この活動は、基本の徹底活動（前項）で得た「現場技術」を「製造要件書」として製品開発部門に提案し、新製品構造・工法・設備へ反映させる活動である。「もっと作りやすい車にしようで⇒気遣い作業を低減活動」と呼んでいる。

新製品開始段階での気遣い

(1) 改善前は典型的な気遣い作業

図2-1-7は、標準作業組合せ票（標準書）をもとに、「現地」「現物」「現実」を観察して問題点を摘出し、見える化したものである。

ムリ・ムダの気遣い作業が多く、標準作業持続が困難であることがわかる。

（改善前）
【トリム作業の例】
1) 従来の作業

・乗り込み、室内作業が多い
・そんきょ姿勢

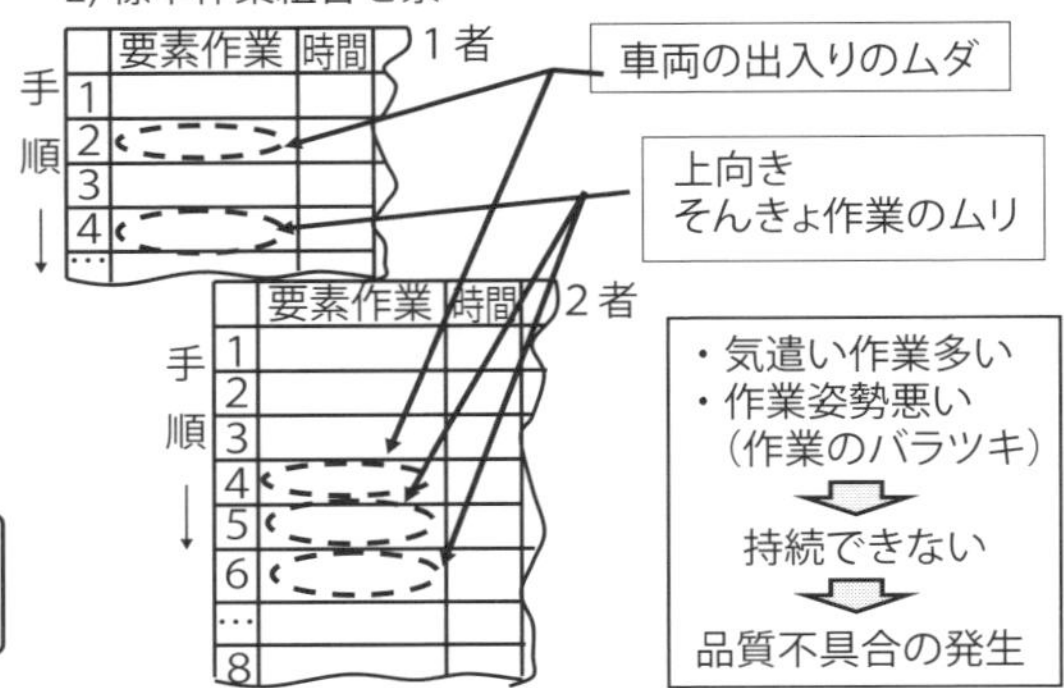

（改善後）
1）列外作業

・列外で 立位姿勢組付
⇒そんきょ（上向き・ひざつき）作業廃止

2）車両への搭載

搭載機で
フロントウインドから車両へ一括搭載

図2-1-7　天井組付作業（改善前と改善後）

(2) 標準化（要件書）を活用した製品構造改善提案

標準化（要件書）を活用して、常に物事を定量的に評価する習慣を大切にしている。**図2-1-8**は、天井組付作業姿勢のレベル評価をし、やりやすい作業へ「製品構造・工法・設備」を変える提案を、部門を越えて実施したものである。

この製品開発部門に同期した「設計、生技、製造、部品メーカー」の四位一体の活動で、製品の品質が良くなり、改善のレベルが格段に向上すること（根本策が打てる）と、改善のスピードがきわめて早くなる。

【作業姿勢改善の例】

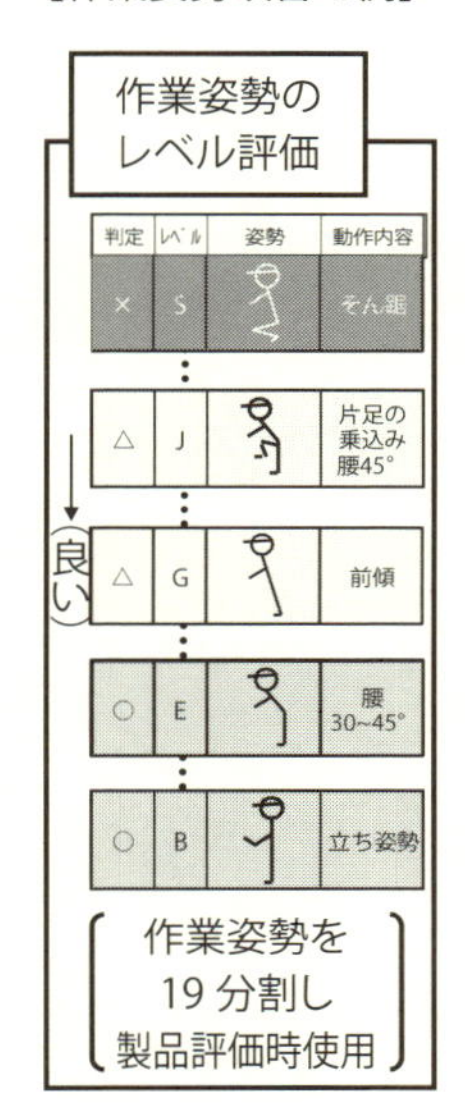

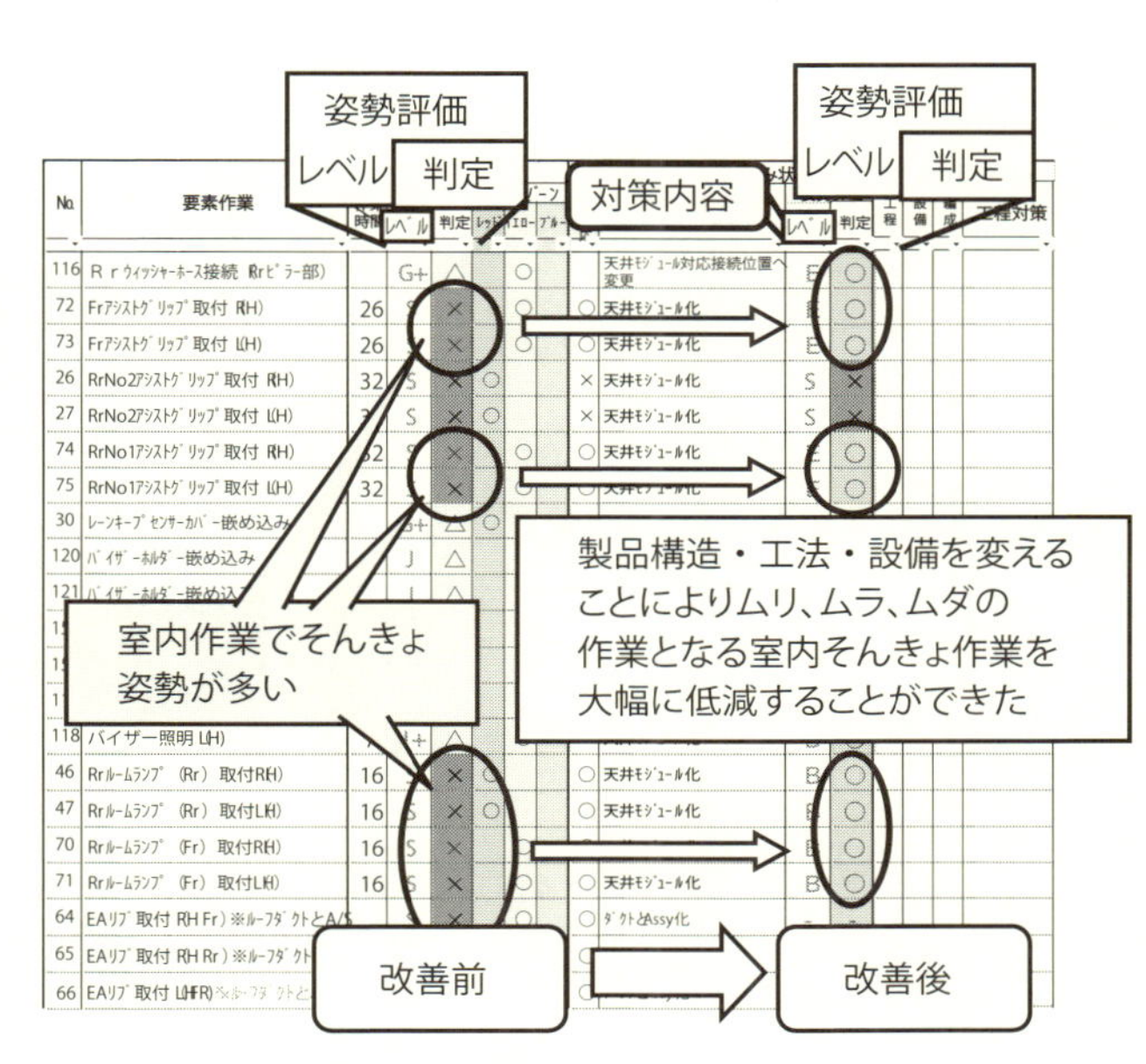

図2-1-8　標準化（要件書）の活用

(3) 活動結果

これまでの活動で、図2-1-7の改善前との改善後を比較するとわかる通り、大幅な作業姿勢の改善（そんきょ⇒立位）を実施することで気遣い作業がなくなり、作りやすい車になった。

活動成果

これまでの活動により製造品質は大幅に向上し、常にオールトヨタの上位を獲得するまでになった。また、この活動は原価（加工費・部品費他）低減にもつながっている。**図2-1-9**は、「監督者の実践能力」の変化を表したものである。活動前に比べて大幅に成長しているのがわかる。

基本を大事にすると、改善スピードと改善レベルが飛躍的に上がった。そこ

人材期待レベル

レベル４：オンリーワンの改善ができる

レベル３：標準作業改善の指導ができる

レベル２：自ら改善できる

レベル１：自ら改善できない（指導者のもとに改善）

実践能力レベル変化

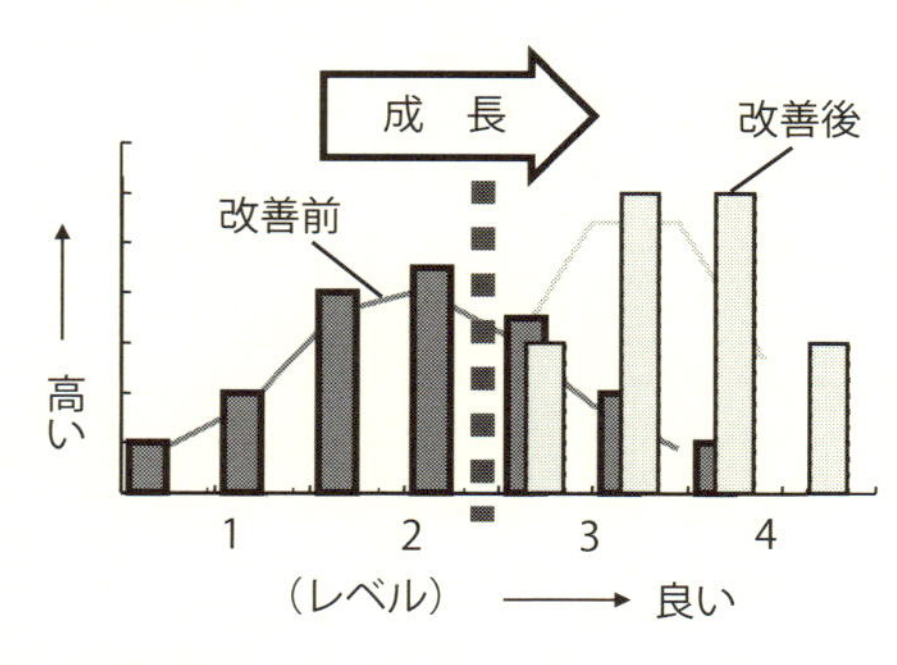

図2-1-9　監督者の実践能力の変化

に、個性と世界でたった1つのオンリーワンが生まれてきた。全員参加で、その先にある「№1」を取りにいく職場風土ができてきたと言える。

自分には何ができるか？

生産技術・工場部門で大切なことは、「現場のオペレータ1人ひとりのために、私は何ができるか？（標準づくり、工程づくり、設備づくり、人づくり）という想い、そして行動が、ひいては顧客のためになる」ということである。また、「モノづくりは人づくり、人づくりは自分づくり」ということを大切に想い、活動を進めていくことが重要である。

第2章

改善案がどんどん出てくる現場

全員の夢を実現する活動　〜キユーピー

ＩＥによる改善を進める際、分析的アプローチでも設計的アプローチでも、あるべき姿に向けてムダやロスを排除することが重要である。しかし、ムダ・ロスの排除とは、うまくいかない部分を変更していくという減点法的な意味が強く、明るく楽しい活動はイメージしにくい。ましてや生産量が多い現場では、ムダ・ロスよりも生産量の確保に注意が向きがちになる。食品メーカーのキユーピーでは、全員が楽しく参加できるように、ムダ取りを「夢多採り」という名称に変更し、全員の夢を実現する活動と位置づけて改善活動を展開している。

同社では、「夢多採り活動」を進めていく体制を全社的に整え、各工場で品質面を中心に、様々な成果を生み出している。この活動では、全員が個人目標を設定し、その実現に向けた様々な改善アイデアを壁に張り出して見える化している。また、職場や工場の目標と個人目標を紐づけ、全工場で個人目標の発表会を行うなど、課題にチャレンジする環境が整えられている。さらに、リーダーは、壁に貼られたすべてのシートにコメントと感謝の言葉を自ら書き込むことで、活動に関わる人たちのモチベーションを向上させ、工場全体が一丸となって改善に取り組む風土が生み出されている。

それでは、「夢多採り活動」とは具体的にどのような活動なのか、そしてどのように人を育て現場力を強化しているのか、キユーピーのケース・スタディを見てみよう。

Company Profile

会社名	キユーピー㈱
設立	1919年（大正8年）11月30日
本社	東京都調布市仙川町2-5-7　仙川キユーポート
事業所	階上工場・五霞工場・中河原工場・富士吉田工場・挙母工場・伊丹工場・泉佐野工場・鳥栖工場
事業内容	調味料・タマゴ・サラダ・惣菜・加工食品・ファインケミカル・物流システム
代表者	代表取締役社長　三宅峰三郎
資本金	241億400万円
従業員数	12,933人（連結、2014年11月末日現在） 2,549人（単体、2014年11月末日現在）

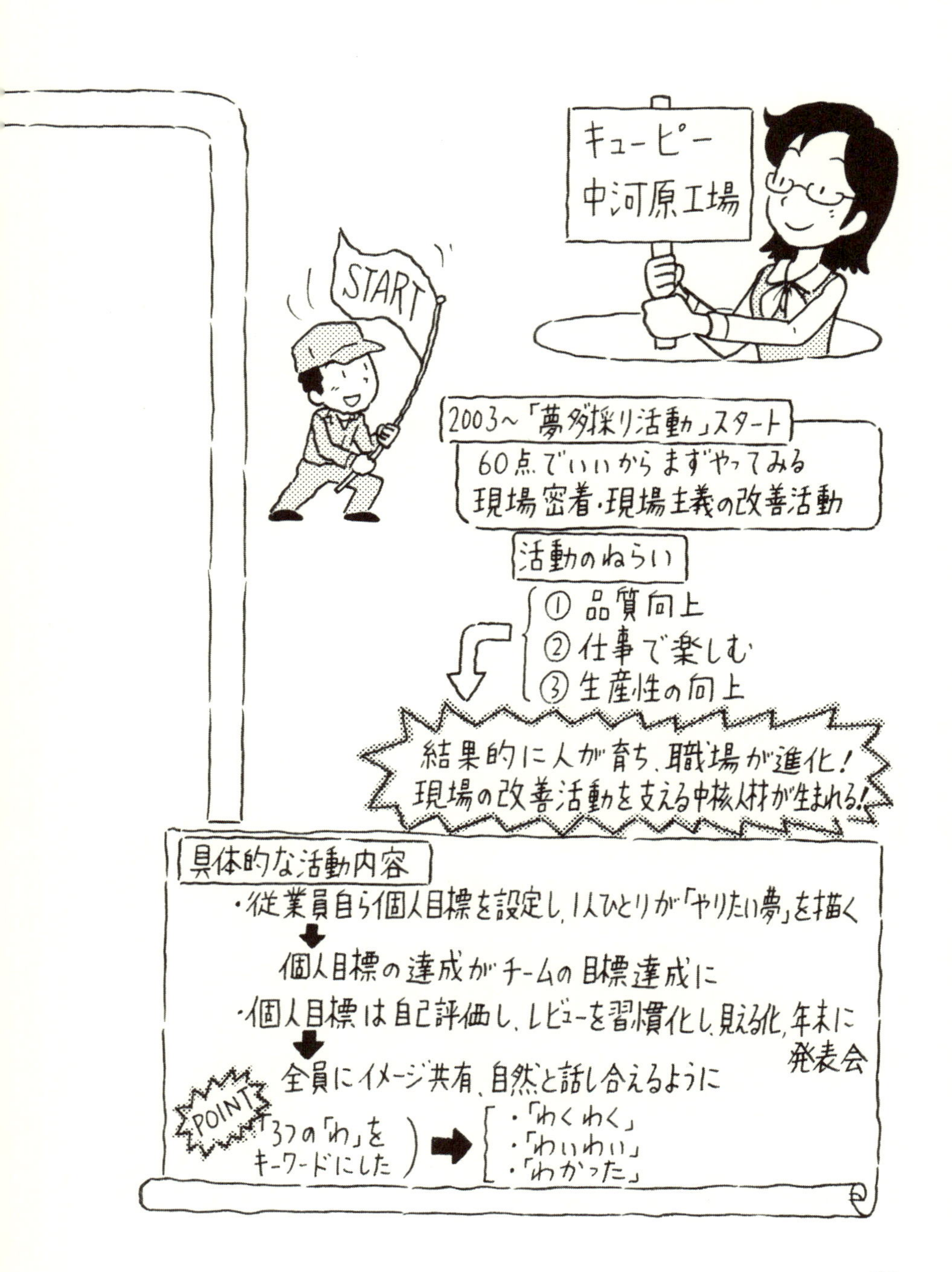
キューピー
中河原工場
START
2003～「夢多採り活動」スタート
60点でいいからまずやってみる
現場密着・現場主義の改善活動
活動のねらい
① 品質向上
② 仕事で楽しむ
③ 生産性の向上
結果的に人が育ち、職場が進化！
現場の改善活動を支える中核人材が生まれる！
具体的な活動内容
・従業員自ら個人目標を設定し、1人ひとりが「やりたい夢」を描く
個人目標の達成がチームの目標達成に
・個人目標は自己評価し、レビューを習慣化し、見える化、年末に発表会
全員にイメージ共有、自然と話し合えるように
POINT
3つの「わ」をキーワードにした
・「わくわく」
・「わいわい」
・「わかった」

これらを実践していくために必要なこと

- ムダを見つける力
- ムダをとりのぞく力

⇒

- ＩＥ手法を応用した勉強会実施
- 改善リーダーの育成

育成のしくみ

① 夢ダ採り勉強会
② 「輝苿き」委員会での勉強会
③ ＯＪＴ

→ 学ぶ機会を徹底的に増す

「やりなサイ」から「やるゾウ」へ → 管理者のマネジメントスタイルの変化

- 部下の能力を活かし、さらに伸ばすことに！
- より高いパフォーマンス生み出すことに！
- 部下からアイディアが続々でてくるように！
- 職場の雰囲気、会議の質も変化！
- マネージャー自身の成長にも！

若手中核人材育成の成功要因

- 役割と課題と使命感の一体化
- 意志・方向性を管理職全体で共有

⇒

具体的な進め方

- 戦略シート
- 戦略発表会
- 報告会をプロジェクト化

管理職の成長の場にもなっている

ＯＪＴを行いながら成功に導く → 役割

① ビジョンを明確に示す
② 環境づくり
③ 支援＋フィードバック

現場の改善活動を支える中核人材の育成と現場での取り組み

食生活を支えて90年

マヨネーズは、日本の食卓に欠かせない調味料として成長をしてきた。サラダの調味料としてだけでなく、現在はその用途は多様化している。このマヨネーズを日本で初めて製造し、日本に普及させたのがキユーピーである。

キユーピーの前身、食品工業が１９２５年に「キユーピーマヨネーズ」を製造開始して以来、ライフスタイルや食生活の変化に合わせ「キユーピーハーフ」や「キユーピーテイスティドレッシング」シリーズなど時代の潮流を捉えた商品を日本の食卓に提供し続けてきた。現在、キユーピーグループはマヨネーズを中心としたコア事業「調味料事業」のほか、タマゴ素材・加工品を扱う「タマゴ事業」、惣菜やカット野菜などを作る「サラダ・惣菜事業」、ジャムや育児食、介護食に代表される「加工食品事業」、健康機能・医療素材を提供する「ファインケミカル事業」、商品の保管や運搬を担う「物流システム事業」の６つの事業を展開する総合食品メーカーとなっている。

写真2-2-1　五霞工場

東日本の生産拠点五霞工場

１９７２年、マヨネーズの売上の伸びとともに、生産能力を上げることが必要になったキユーピーは、茨城県五霞村（当時）に五霞工場を創設した。現在、五霞工場では家庭用マヨネーズを中心として、業務用マヨネーズ、家庭用ドレッシングを年間約６万５０００トン製造している。

特に家庭用マヨネーズ・ドレッシングの東日本の生産拠点工場として重要な役割を果たしている（**写真2-2-1**）。

夢多採り活動

名称に込めた想い

キユーピーの社員は、職位や雇用形態にかかわらず、現場にいるすべての人が「夢多採り活動」という取り組みに日々携わっている。一般的にいう「ムダ取り」活動では、生産現場での価値のないものを排除していくという意味合いが強くなってしまう。

現場全体で活動を進めていく上で、ただムダなものを排除していく活動になると、せっかくの改善活動も「やらされ感」が強くなってきてしまう。どうしたら主体的に考えることができるのか、自ら考え行動していくのかを突き詰めていくと「本当に大切なものを大切にすること」がポイントになるという思いに至った。

広い草むらの中で四つ葉のクローバーを探して、１つひとつ摘んでいくというイメージでこの言葉は作られた。「夢を多く採る」ために、全員が知恵を絞り、草むら（現場）をじっくり観察して「見える化」していく。この活動を継続して取り組んでいくことで、１人ひとりの中にさらに大きな夢を描いていけるのではないか――。そうした思いが「夢多採り」という言葉に込められている。

２００３年に始まったこの活動は現在、グループ全体の取り組みとなり、さらには取引先との活動にまで進化をしている。

ねらいと個人の自己成長

「夢多採り活動」のねらいとしては、①品質の向上（目的）、②仕事を楽しむ（プロセス）、③生産性の向上（結果）の３点が挙げられる。

大目的は品質の向上にある。「夢多採り活動」がめざす品質とは、大きく分けて製品の品質、仕事の品質、人の品質の３点であり、これを向上させるための活動であるという確認を常に行っている。これら３つの質を全従業員の活動により向上させていくのである。このことで自然と会社全体の体質が強化され、利益への貢献がついてくることとなる。活動全体を通じて、結果的に人が育ち、職場が進化することになるのである。

また、実際に改善活動を進めていくのは職場の全従業員であることから、プロセスの上で「改善を楽しむ」ということを大切にしている。したがって、「夢多採り活動」のチームには、職位や雇用形態にかかわらず全従業員が参画している。

会社や上司にやらされているのではなく、自分たちの想いを活動を通じて実現する。ＭＵＳＴ（義務）ではなく、ＷＩＬＬ（そうしたいこと望むこと）を重視し、自主的な活動を促すことが個人の成長につながっていく。そうした動きにつながるように上司からの仕掛けを行っている。

全員参画活動とチーム活動

五霞工場では「日本一のマヨ・ドレ工場からアジアのマザー工場へ！」を目標に「夢多採り活動」を行っている。上位目標からのトップダウン方式ではなく、従業員全員が自ら個人目標を設定し、１人ひとりが仕事を通じて「やりたい＝夢」を描く。そして個人目標の達成がチームの目標の達成になり、チーム目標の達成が職場、工場目標の達成になるよう、上位との紐づけを考え目標設定を行っている。また、設定した個人目標は自己評価を行うなど、プロセスレビューを習慣化し、その活動の状況はシートで常に見えるように工場内の壁面に張り出されている（**写真2-2-2**）。

これにより、全従業員に最終目標への到達までのイメージが共有化されている。この個人目標をとても重要な位置づけとし、年初には全工場で「個人目標発表会」が行われ、その会場には、全工場の

写真2-2-2　最終目標への到達までのイメージ

メンバーや管理職、役員までが集まり、役職を問わず1年の目標とそれに対する想いを共有している（**写真2-2-3**）。

全員の目標が見えるようになり、多くのチーム活動が行われるようになると、自然と「困っていること」をチームを超えて話し合う動きにつながってくる。

このチーム活動のステップを「3つの『わ』」というキーワードで呼んでいる。すなわち、①わくわく／夢、ありたい姿を描き、やりたい気持ちを持つこと、②わいわい／みんなで議論し、共有すること、③わかった／①②を繰り返して本質的な考えに行き、互いの仕事を進めていく上での役割がわかってくる。そして、③は実際の行動につながる。そこでは、自然と現場に「ありがとう」が生まれ、誰もが仕事にやりがいと誇りを持つ。そして大きな課題にチャレンジする職場風土に変わっていく。

「夢多採り活動」が結果的に人材育成を効果的

2013.11 発表会

2014.3 発表会①

2014.3 発表会②

写真2-2-3　個人目標発表会

に進めていく手法であることを、メンバーから教えられたのである。

チーム活動を支える改善の学びと実践会

「夢多採り活動」を生産現場で進めていくためには、日常業務に潜むムダを見つける力とそれを取り除いていく力の２つの能力が必要となる。現場価値を高めるために「インダストリアル・エンジニアリング（ＩＥ）」の手法を応用した改善の勉強会を「夢多採り勉強会」と称し、夢多採りの考え方から目的、作業改善をする上での分析手法など、夢多採りの基本の習得をねらった研修を継続的に行ってい

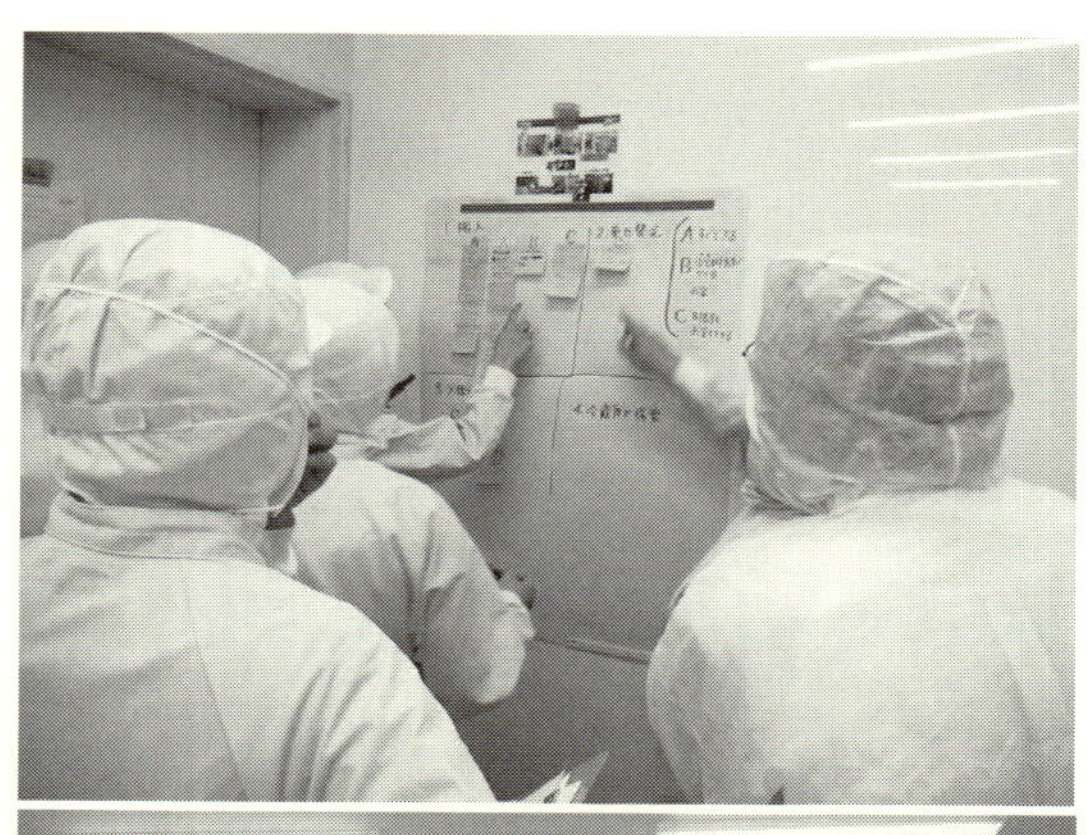

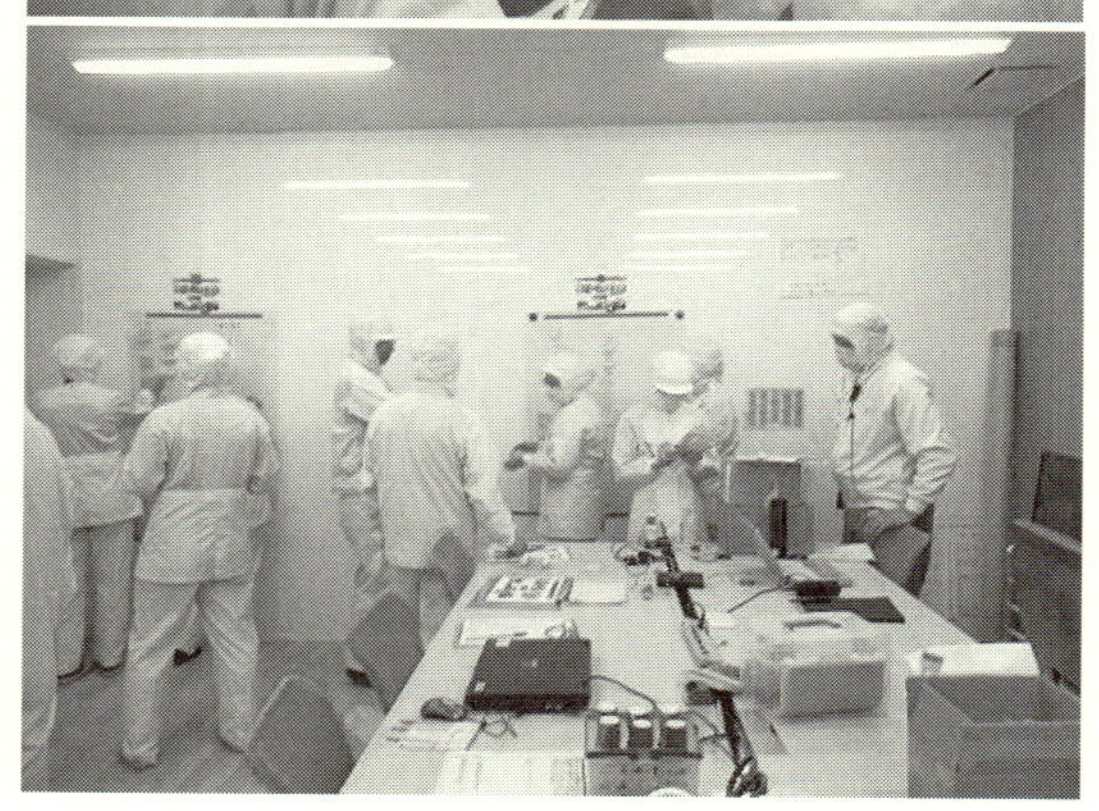

写真2-2-4　実践会の様子

る。そして、そこで学んだことを、現場での実践会を通じて、誰もが自分の力で改善を提案、実行する力をつけている（**写真2-2-4**）。

夢多採り活動による改善件数は年を追うごとに増え、五霞工場では2014年には1000件を突破する見込みとなり、作業時間の短縮などによる生産性改善効果は2013年の1年で約1億円に達した（**図2-2-1**）。同工場を対象とする消費者や取引先からのクレームは年間で数件と、活動を始める以前の

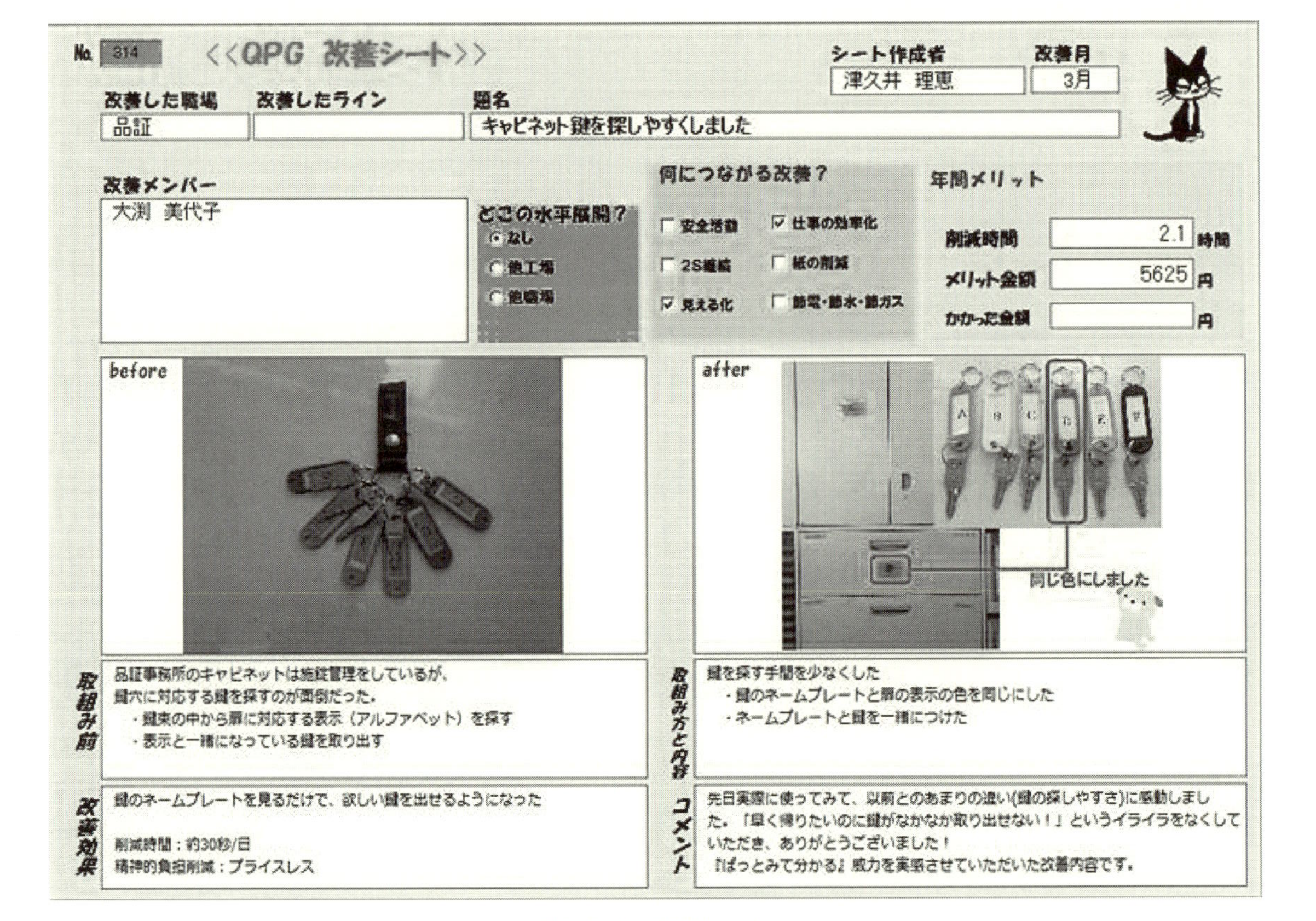

No. 314　<<QPG 改善シート>>

シート作成者：津久井　理恵　改善月：3月

改善した職場：品証　改善したライン：　題名：キャビネット鍵を探しやすくしました

改善メンバー：大渕　美代子

どこの水平展開？
◉なし
○他工場
○他職場

何につながる改善？
☐ 安全活動　☑ 仕事の効率化
☐ 2S継続　☐ 紙の削減
☑ 見える化　☐ 節電・節水・節ガス

年間メリット
削減時間　2.1 時間
メリット金額　5625 円
かかった金額　　円

before

after

取組み前
品証事務所のキャビネットは施錠管理をしているが、
鍵穴に対応する鍵を探すのが面倒だった。
・鍵束の中から扉に対応する表示（アルファベット）を探す
・表示と一緒になっている鍵を取り出す

取組み方と内容
鍵を探す手間を少なくした
・鍵のネームプレートと扉の表示の色を同じにした
・ネームプレートと鍵を一緒につけた

改善効果
鍵のネームプレートを見るだけで、欲しい鍵を出せるようになった
削減時間：約30秒/日
精神的負担削減：プライスレス

コメント
先日実際に使ってみて、以前とのあまりの違い(鍵の探しやすさ)に感動しました。「早く帰りたいのに鍵がなかなか取り出せない！」というイライラをなくしていただき、ありがとうございました！
『ぱっとみて分かる』威力を実感させていただいた改善内容です。

図2-2-1　改善シート

１／２以下になった。

また、職場の中核を担うライン責任者を対象として、役割や責任の認識、周りの人を巻込んだ改善活動の実践の大切さを学ぶ機会を積極的に増やし、改善リーダーとしても活動できるようなカリキュラムを毎年検討・更新し、実施している。

これらの改善リーダー育成の仕組みは、

①工場内の定型研修として組み込んでいる夢多採り勉強会

②委員会の組織として活動している「輝芽き（きらめき）」委員会（改善活動を推進する委員会）での勉強会

③工場戦略課題遂行（ＯＪＴ）

に分けられる。

知識を増やす勉強会の実施とそれらを活かす実践を増やすことにより、少しずつ改善を進めることができるリーダーが育ってきている。

例えば、工場の重要課題を解決する改善リーダーの中から、次世代の職場を担う中核メンバーが育っており、その割合が前年度は5割程度であったのに対し、２０１４年度は改善リーダーのうちの7割近い人がその後の職場の中核人材として活躍を続けている。

このような活動を絶やさないために、今後も現場の作業改善から工場の戦略課題まで幅広く活躍できる人材を増やしている。

ファシリテーター型マネジメントと成果

改善活動と継続的に続けてきた勉強会を通じ、現場のメンバーから多くのことを学んできた。その中で、管理職のマネジメントスタイルも大きく変化した。それは、「サイ」から「ゾウ」へ管理職のマネジメントスタイルが変わってきたことである。過去は現場に対して「やりな〝サイ〟」であった指示が、改善活動を通じて現在は「やる〝ゾウ〟」に管理職の仕事に対するスタイルも進化してきた。

現場メンバーの「わくわく・わいわい・わかった」の姿を見て、一緒に活動をすることで、自然と管理職自身もファシリテーター型マネジメントへと変化をしてきた。

やる気のあるメンバーが増えてくると、適切な指示を出すことであった上司の役割は、それぞれのアイデアや特性を活かし、さらに能力を伸ばすことが主な役割となってくる。部下の悩みや課題に耳を傾ける時間を増やしていくと、自然と部下の考える力ややる気を育てることができるため、自分から課題を見つけ、次のステップに動く人材の育成やより高いパフォーマンスを生み出すことができるようになった。また、上司の思考の枠を超えたアイデアやアクションを部下が次々とできるようになった。

管理職のマネジメントスタイルが変わってきたことにより、職場の雰囲気や会議の質も大きく変化をし、現場だけでなくマネジャー自身の成長にもつながっている。

中核人材を生み出す

若手＝中核人材を経営課題にチャレンジする場を設ける

若手の中核人材を育成する大きな成功要因として、役割と課題と使命感の一体化が挙げられる。最も有効な仕組みとして、「戦略課題と育成の紐づけ」を軸とした活動を推進している。次の世代となる若手の人材に大きな課題を与え、それに取り組むことで成長につなげている。

この活動により、現在の五霞工場における「経営課題≒戦略課題」の実践は、常に現場にいる若手人材の活躍によるところが大きくなってきた。

工場経営と中核人材育成の両立を図り、課題の戦略化と牽引する人材を紐づけていく中で、動機づけ→チャレンジ→ＯＪＴ→レビューのサイクルを回していくことに取り組んでいる。

進め方のポイントとして、「誰を」「どのような課題に対して」「どのようなチャレンジを期待していくか」という意思・方向性を工場管理職全体で共有し、若手がより高い課題を達成するための支援と、その後の成功体験により成長を後押ししていくことが非常に大事になる。

課題設定においては大いに背伸びをし、完全な達成を目標とする一方で、アクション・チャレンジに対して管理職が認めていく姿勢で支援を進めている。

具体的な流れとして、大きな節目となる３つのイベントを実施して進めている。

①思考力と分析力を向上させる戦略シート作成
②考え方と方向性を共有し育成していく戦略発表会
③振り返って成果を確認していく中間および最終報告会

３つの内容を進める中で、本人は課題を深く捉え、分析しながら工場全体の動きとしてプロジェクト化を行う。プロジェクトの設計図となる「戦略シート」を作成し、実行に移す中で様々な課題や壁に突き当たることになる。

管理職の役割

管理職の役割は、戦略課題を進める過程で的確にＯＪＴを行いながら成功に導いていくことにある。課題遂行において、管理職は「意思決定を行う」ことが求められる。若手は今までにない大胆な解決策を提案してくることもあり、その場で提案を意思決定するスピード感と見極める力が必要となる。

この部分では、中核人材の育成とともに管理職も大きく成長する場となっており、管理職としての役割と能力を伸ばす場にもなっている。

進める中での管理職の役割として、重要ポイントをまとめると下記のようになる。

①進める上でのビジョン・方向性を明確に指し示す

②現場での役割と課題を一致させ、本人が使命感を持ち取り組める環境をつくる

③管理職全体で支援する体制をとるとともに、成果を明確にフィードバックする

この活動の中で課題達成と自己実現が相乗的に作用し、中核人材としての自覚が生まれ、次世代の工場を担う人材が輩出されている。若手人材を積極的に経営課題に参画させることで、自分の「現在の役割と経営とのつながり」を理解することができ、より高い視野・視座を手に入れることができる。

全体的な仕組みとして、「全員が参画する夢多採り活動→改善リーダーの育成→戦略課題の実践」の３つの仕組みを淀みなく回すことで、中核的な人材が生まれ続ける仕組みになっている。

やりがいと達成感

マネジャーとして意識して実施しなくてはならないことは、従業員１人ひとりの「こうなりたい」「こうしたい」が達成されたときの価値について、職場軸、工場軸、会社軸、社会軸という軸に広げて考えることをともにすることだ。その価値の大きさを一緒に考えること、またしっかりとフィードバックすることにより、若手が自分の役割の認識、やることの価値の理解、そして、やりがいや使命感につなげていける。

現実には、やらなければならないこと（ＭＵＳＴ）がたくさんある。前述した夢多採りの考え方、ＯＪＴのサイクルを回していくことで、ＭＵＳＴをやりたいこと（ＷＡＮＴ、ＷＩＬＬ）に変え、実際に行動することで自分たちでもできる（ＣＡＮ）ことが積み重なり、大きな力になっていく。

第3章

全員で良いものを造り、改善し続ける現場

あるべき姿を追求する活動　〜セキソー

顧客に約束したＱＣＤを守るために、工程で生み出される製品に混ざった不良品を、検査工程で後追い的に選別していくのでは、コストや納期を大きく改善することは容易ではない。品質面でも常に流出不良のリスクに直面することになる。特に、コスト低減要求が厳しく、製品の多品種化が進む自動車部品メーカーにとっては、標準と改善のサイクルを回し、座学と実践を通じて人財を育成していくことが、顧客の要求するＱＣＤを先取りして対応する力となり、経営成果に直結する。

マルヤス・セキソーグループでは、グループ全体で進めてきたＴＰＳ（トヨタ生産方式）やＴＰＭ（全社的生産保全）活動をベースに、近年始めたＴＱＣ（全社的品質管理）活動を加え、現場での人財育成と現場力の強化を進め、グループ全体で「全員で良いものを造る活動」を展開している。「良いもの」とは、工程で加工・組立する段階から良品を保証して品質を作り込む考え方を指している。そのために、良品を生み出すための加工・組立条件（良品条件）と、良品を生み出すように力をかけたりコントロールする設備のユニット（ワークヘッド）のあるべき姿を追求する活動を進めている。

それでは、マルヤス・セキソーグループが、どうやって「全員で良いものを造る活動」を進め、その結果どんな人材が育成されているか、まずはセキソーにおけるケース・スタディを見てみよう。

Company Profile

会社名	㈱セキソー
設立	1954年6月29日
本社	愛知県岡崎市日名北町1-3
事業所	岡崎工場・葵工場
事業内容	自動車分野・紙分野・吸音材
代表者	取締役社長　林　新一
資本金	5,700万円
従業員数	200人

マルヤス・
セキソー
良い
もの
全員で良いものを造る活動
↳「自工程完結」を実現するための3つの要素
①最適設計→図面(製品・ワークヘッドを良くする)
②良品条件を決定→ワークヘッドと良品条件を整備する.
③標準作業を徹底→標準作業の遵守
メンテナンス訓練を行う
※「ワークヘッド」とは…
→「ワーク」に直接接触して作用する
すべてのもの.
※「良品条件」とは…
→良いものしか造らないあるべき条件

良いものを造るこだわりの基本は…

ワーク姿勢位置決めにこだわり．ワークヘッドに着目し
良品条件を見つけ出し．それをメンテナンスしていくこと

技術的な具体例は
マルヤス工業(P.92〜)の
ケース・スタディを参照.

もの造りのための
さまざまなこだわり

・ワーク姿勢へのこだわり
・位置決めのワークヘッドへのこだわり
・ことのワークヘッドへのこだわり
・良い材料へのこだわり

これらの…
伝承と確認 ＝ 人財教育

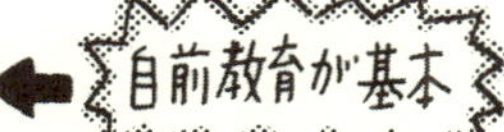

・グループ内で52の塾（理屈を教える）
・MF研（職係長クラスに実行体験：23年間で523人卒業）
・巻紙分析（事務部門で工程をスルーに見て事務改善につなげる
　　：9年間で67人卒業）
・道場（実行体験し体感がねらい）
　└→ 安全（18項目）
　　　人・加工（36項目）
　　　加工確認（112項目）

・標準作業を基にした教育訓練
　└→ 全員に標準作業表記録の徹底

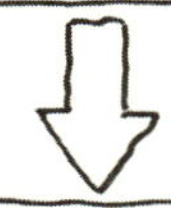

「標準を大切にする心」定着に向け、管理監督者教育を展開

「全員でらくらく良いものを造る活動」を展開

全員で良いものを造る活動

セキソーの生い立ち

セキソーは１９５４年に創立され、紙製品（ファイバーボード）の生産を開始。それ以降は、自動車用制振材を開発（ダンピングシート）し、紙の加工技術を活かした環境にやさしいファイバーモールドを自動車内装部品として製造・販売してきた。現在はさらに、「音・振動」にこだわった製品として、自動車に乗っている人の「心地良さ」を追求したポーラスダクト、車外騒音を低減する目的のエンジンアンダーカバーなどの製品を具現化している。

親会社のマルヤス工業を中心とするマルヤスグループは、世界7カ国12事業所（セキソーは5カ国5事業所）に事業を展開している。

原点に帰ったもの造り

顧客に喜んでもらえる製品を提供するため、また近年の製品の多様化に対応するため、ＴＰＭ、ＴＰＳ活動を通して、もの造りの体質強化に取り組んでいる。設計段階の各種シミュレーションを活用した最適設計やＣＡＥ解析、生産技術部門における最新設備導入、自動化の推進、製造段階でのインライン保証、ポカヨケを導入し、進化を図ってきた。

「全員で良いものを造る活動」として、ワークに接する部分に着目し、ワークヘッド（詳しくは次章で触れる）、良品条件とメンテナンスおよび教育訓練の重要さを認識し、設計から生産まで各ステップで原点に戻った活動を推進する必要があると考え、取り組んでいる。

全員で良いものを造る活動のやり方

次工程はお客様であり、良いものを造って確認する「自工程完結」を実現する活動を以下のように整理した。

○最適設計するために〔図面（製品・ワークヘッド）を良くする〕
○良品条件を決定するために〔ワークヘッド（位置決め・こと）と良品条件を整備する〕
○標準作業を徹底するために〔標準作業の遵守、メンテナンスと訓練（伝承・確認）を行う〕

以上の３つをリンクさせ、それぞれの活動を維持・向上させることが必要である（**図2-3-1**）。

①「設計・生技・製造」三位一体のサイマルティニュアス・エンジニアリング（ＳＥ）の取り組み
ワークの姿勢を変えない流し方、持ったら放さない工程を追求し、作りやすい「製品図」への見直し、加工・組付における「位置決め」と「こと」のワークヘッド（治具）の見直し（ワークヘッドのシリーズ化）を進めている。

②「量産ラインでの見極め」の取り組み

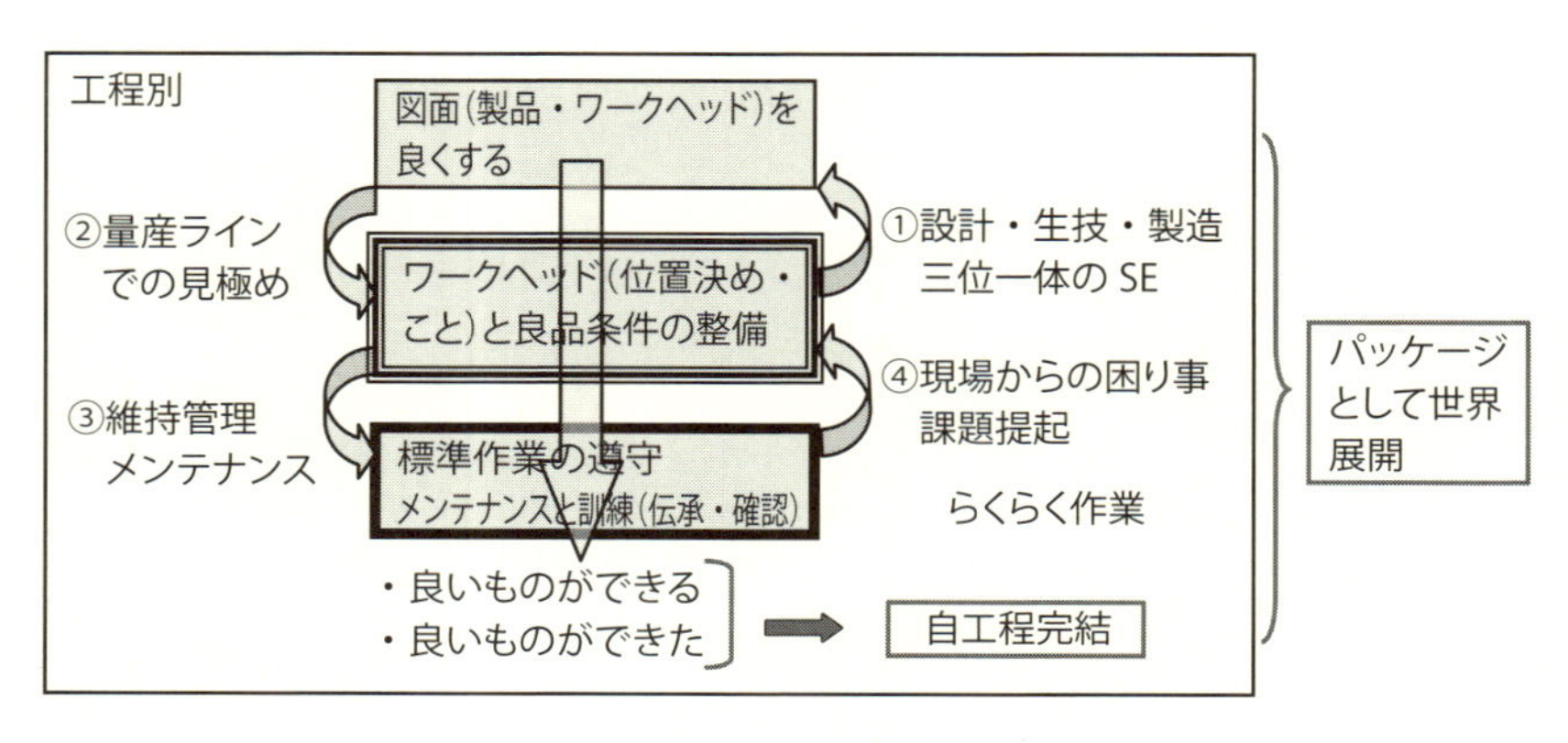

図2-3-1　8の字活動

ワークのバラツキと加工の最悪条件での組み合わせで評価、ワークの状態を代用して管理できる良品条件を見極める。そのために、(可視化による検証を含む)ドキュメント(バックデータ)の積み上げを進めている。

③「維持管理メンテナンス」の取り組み

「位置決め」と「こと」のワークヘッドと良品条件のメンテナンス項目を明確にし、落とし込まれた標準作業の「伝承と確認」を訓練する場として、体感訓練する道場と理屈を教える塾を開講している。

④「現場からの困りごと課題提起・らくらく作業」の取り組み

標準作業を遵守するため、条件管理のしにくさ、頻繁に調整が必要な工程などの課題を抽出し、「らくらく作業」を実現するため、やりにくい作業の洗い出しと提案を進めている。

以上、4つの取り組みを循環させることで、良いものを造り続ける活動としている。

良いものができるやり方

良いものを造るこだわり

セキソーのもの造りの基本的な考え方は、ワーク姿勢、位置決めにこだわり、ワークヘッドに着目し、良品条件を見つけ出し、それをメンテナンスしていくことにある。

全員で良いものを造る活動の中で加工点マネジメントに注目し、さらなる「良品条件の見極め」「ワーク姿勢へのこだわり」「位置決めへのこだわり」「良品条件のメンテナンス」の考えを整理した。

「ワークヘッド」とは、「ワーク」に直接接触して作用するすべてのもの（位置決めのためのものや加工そのものを行うもの）を言い、「良品条件」とは、良いものしか造らないあるべき条件のことを示す。「加工点マネジメント」とは、ワークとこれらのワークヘッドの良品条件および良品条件を維持するためのメンテナンスを行う活動を意味する。

このワークヘッドには、「〝位置決め〟のワークヘッド」と「〝こと〟のワークヘッド」という2種類が存在する。

ワーク姿勢へのこだわり

ワークヘッドを設計する前に、各工程間におけるワークの姿勢にこだわりを持っている。

組付方法を例にとると、ワークを「宙に浮かせた」状態で**図2-3-2**に示す「立体組立図（N図）」を描画し、ワーク同士がどの方向に組み付くかを考える。それをもとに、前後工程のワーク姿勢を考慮し、「人の立場」と「ものの立場」のそれぞれを考えながら、「持ったら離すな」「いじくり回すな」

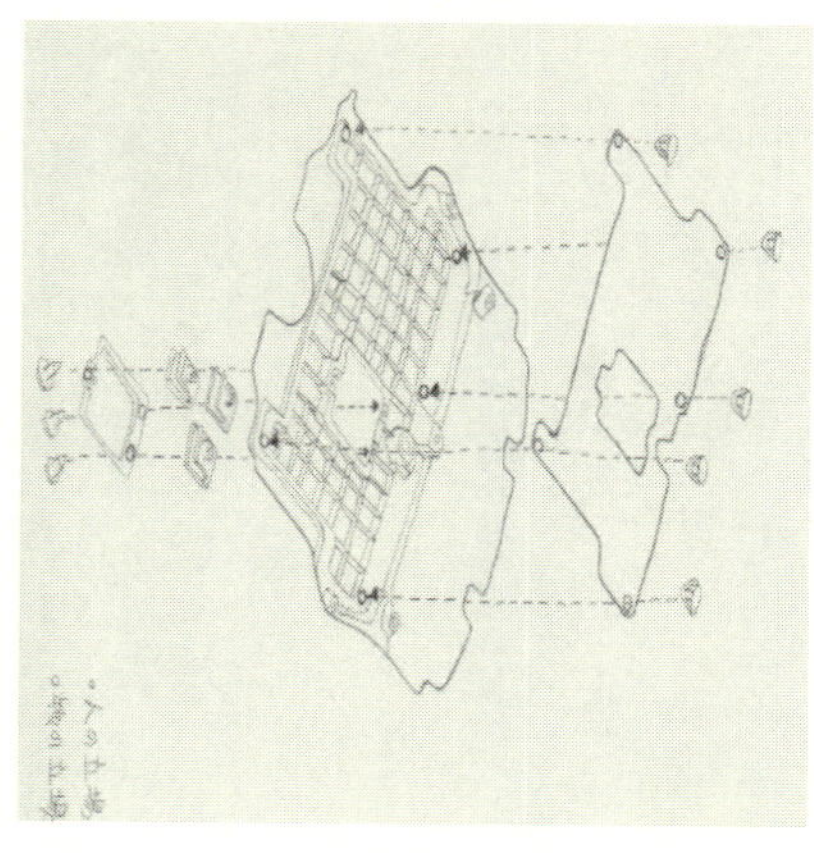

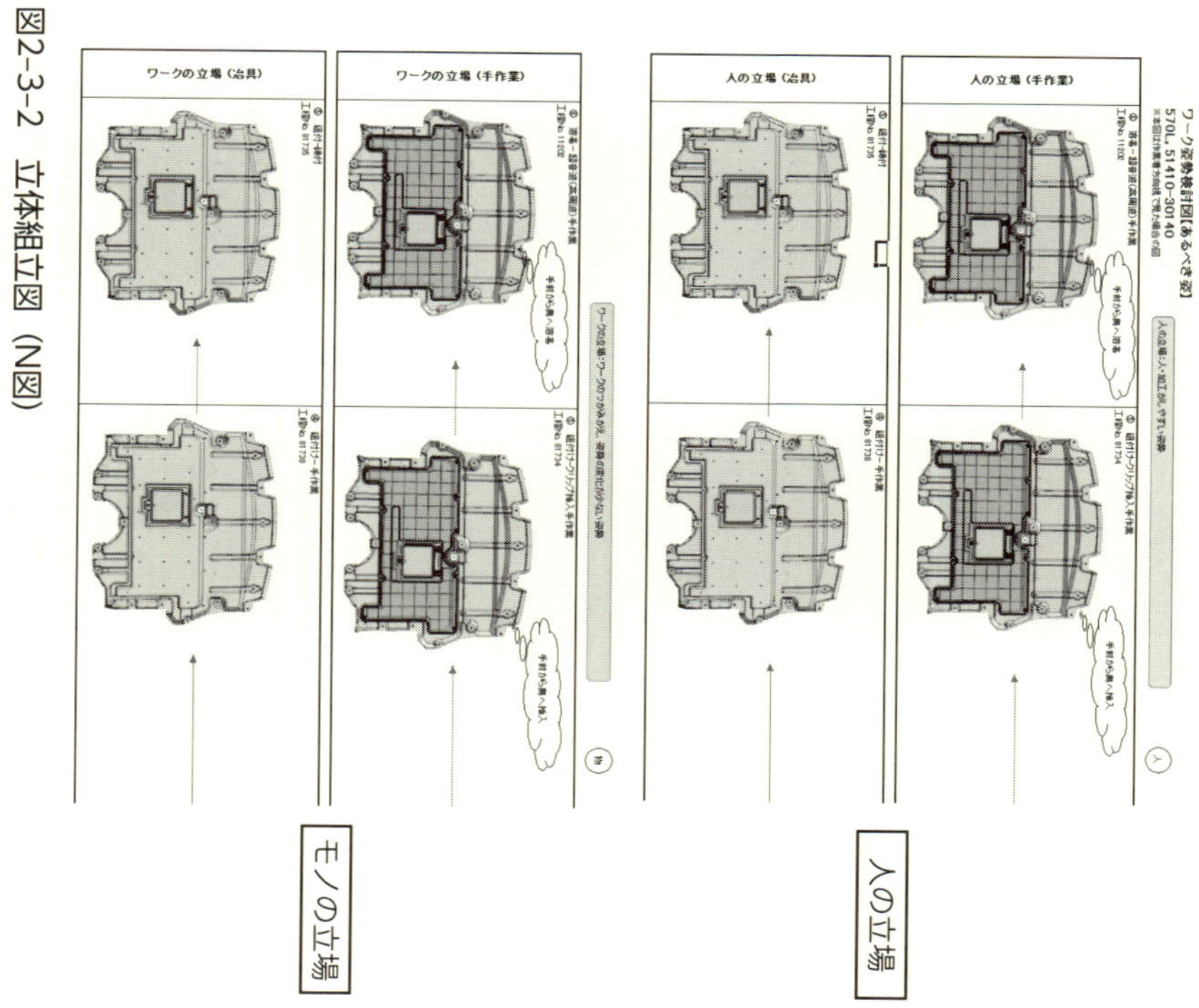

図2-3-2　立体組立図（N図）

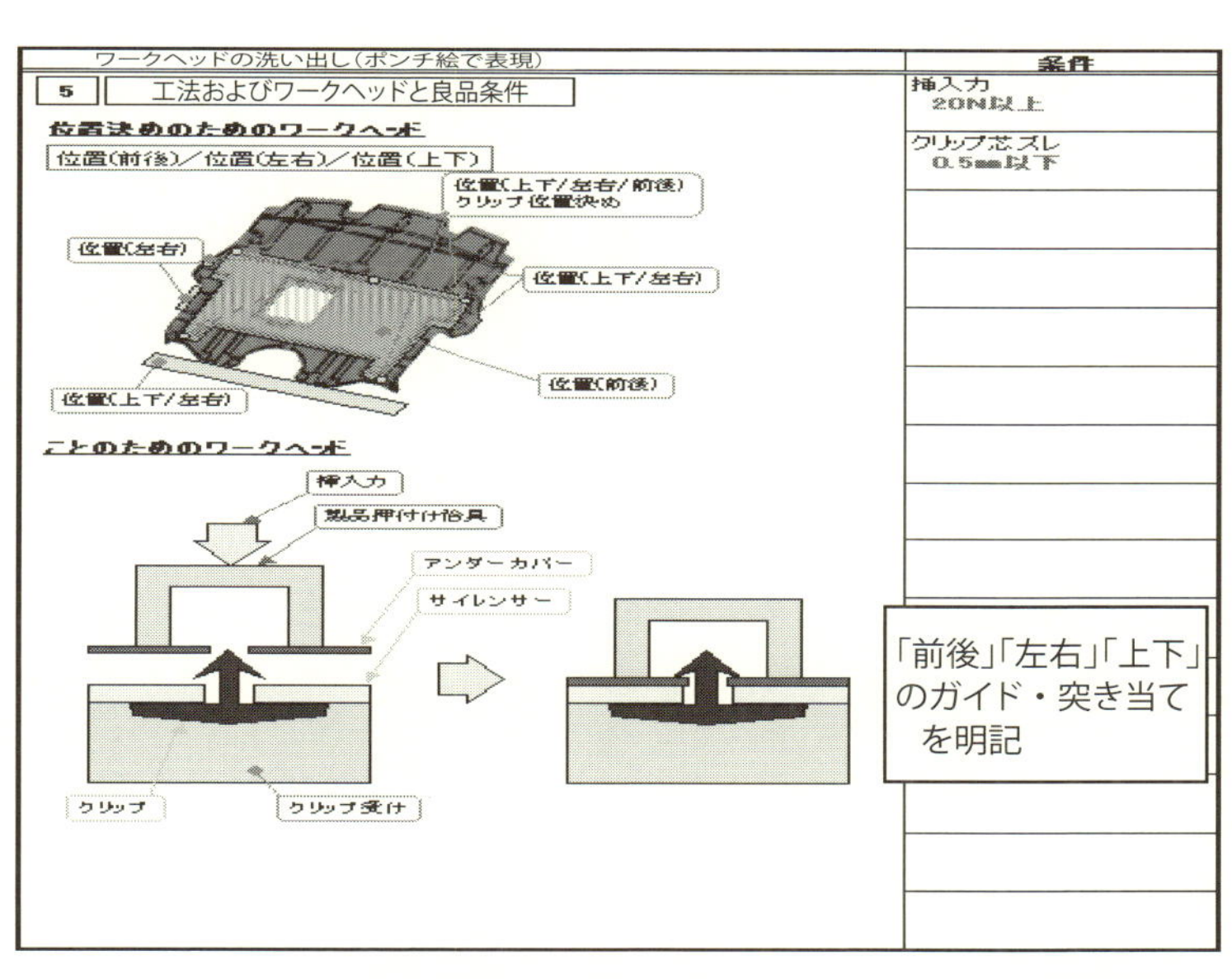

図2-3-3　ワークヘッドと良品条件洗い出しシートのガイド・突き当ての考え方

のこだわりで望ましいワークの姿勢を決定している。

位置決めのワークヘッドへのこだわり

「ワークとワークヘッド」の位置決めにも、こだわりを持っている。

「ワークとワークヘッド」は、毎回同じ位置、同じ加工点で加工できなければ、品質を損う可能性がある。そこで、ワークとワークヘッドの位置決めは、「前後」「左右」「上下」をガイド・突き当てによって構成し、毎回同じ位置や加工点で加工できるようにしている（**図2-3-3**）。

ことのワークヘッドへのこだわり

加工点のこだわりとして、「ことのワークヘッド」が重要になってくる。

この「ことのワークヘッド」とは、漫然とワークヘッド（例えば刃具やドリルなど）を選定するのではなく、加工するワークの規格上下限や環境（夏冬の温度差）などを考慮し、それらの水準を振って最適なワークヘッドを選定することである。

また、加工する箇所が見えない部位のワークヘッドがある場合は可視化技術も取り入れ、ワークヘッドの最適化を図っている。

良品条件の見極めとメンテナンス

良品条件の見極めにおいては、前述したように、加工前の「もの」の「最大・最小」の組み合わせを考え、条件の上下限の組み合わせでも、この良品条件が成立するかの検証を行うこともこだわりの1つである。

また、本来の良品条件を定めるためには、実際の「ワーク温度」や「ワークの変化量」などの実態を導き出さなければならない。しかし実際の製造現場では、なかなか本来の良品条件を管理することは困難をともなう。そこで導き出した良品条件と「代用となる値」（機械の実測値、制御値）の整合性を取り、良品条件を管理できるようにしている。

これらの実験・トライなどで導き出した良品条件は本基準とし、「技術ドキュメント」としてまとめている。まだ良品条件が見極められていない場合は、洗い出しシート上で良品条件項目のところに「?-」マークをつけて仮基準とする。仮基準を、1個でも2個でも本基準になるように向上させるのが技術部隊の役割である。

また、ワークヘッドのメンテナンスと同様に良品条件のメンテナンスも大切である。チェックシートで日々管理してメンテナンスすることで、良いものを造り続けている（**表2-3-1**）。

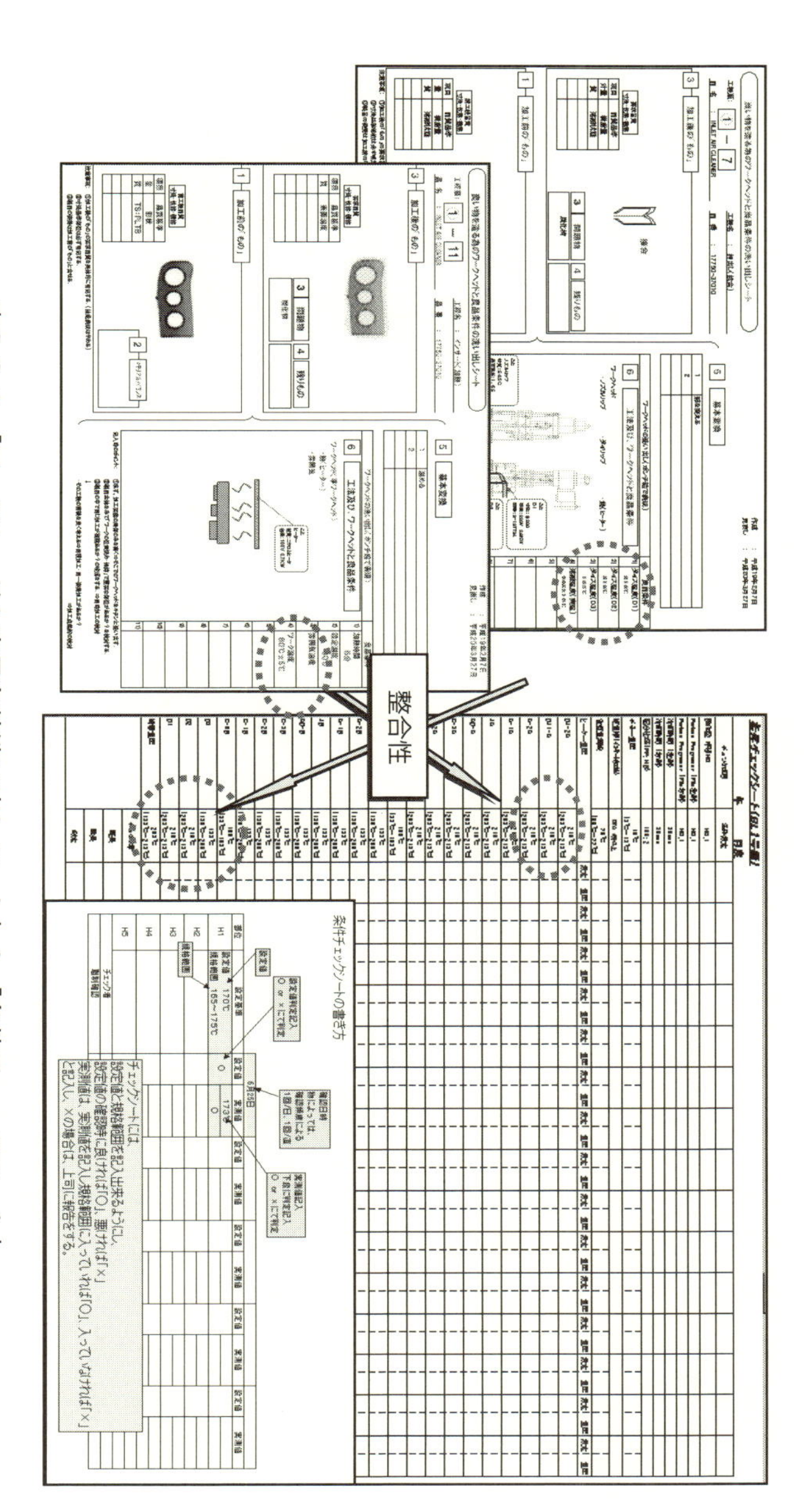

表2-3-1「ワークヘッドと良品条件洗い出しシート」と「条件チェックシート」

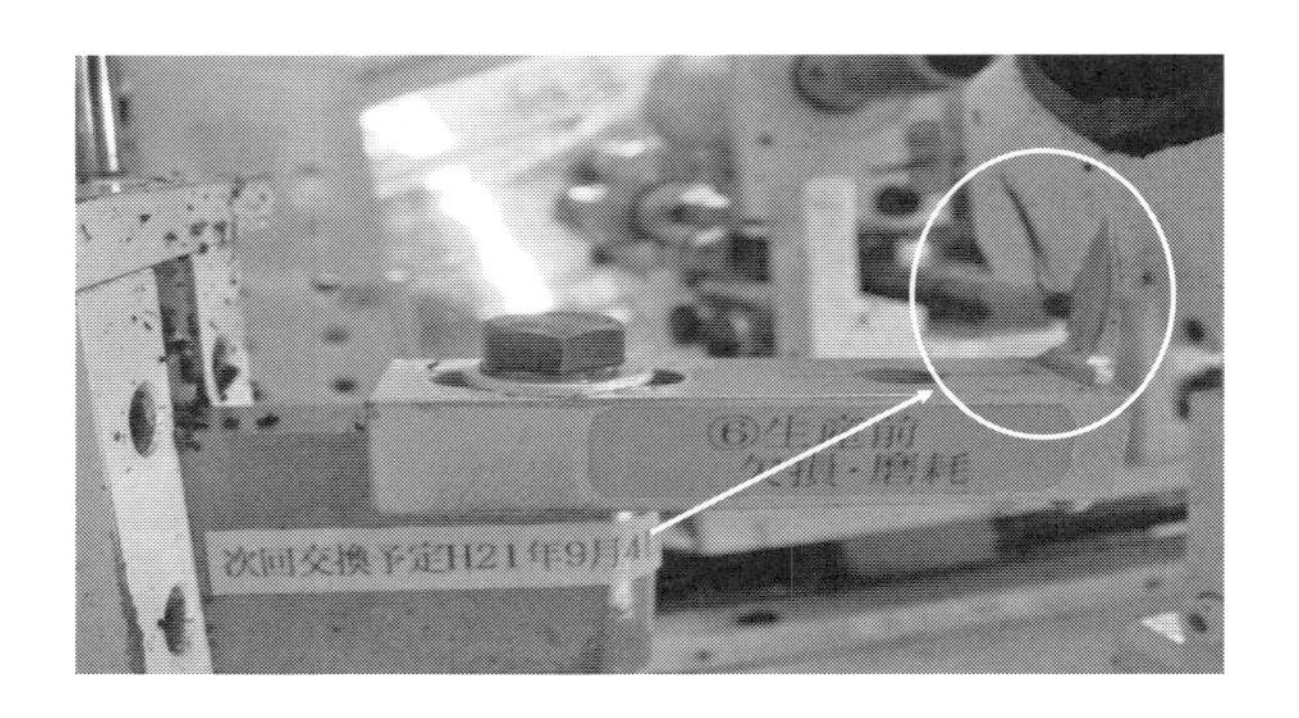

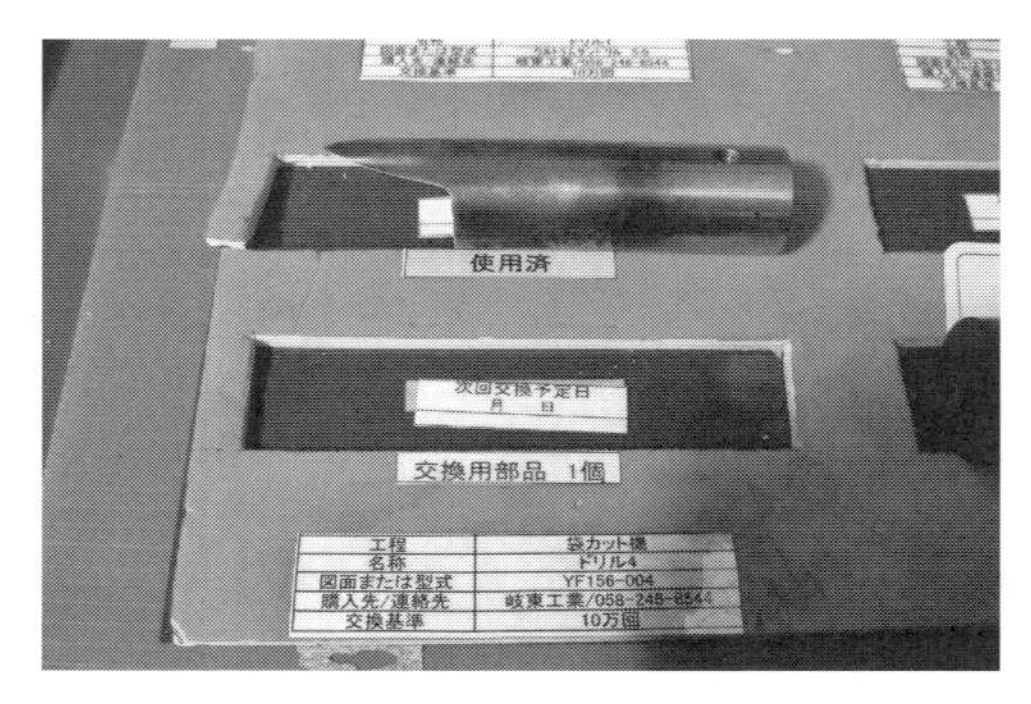

写真2-3-1　消耗品交換の具体例（A）

ワークヘッドのメンテナンス

品質を維持し続けるためには、ワークヘッドをメンテナンスすることが重要である。ワークヘッドのメンテナンスは、常備品を持って入れ替えるタイプ(A)と傾向値を把握して管理していくもの(B)という2種類に分け、良いものを造り続けるためのワークヘッドを維持している。

　メンテナンスのやり方は、ワークヘッド・ヘッドユニットの設計部門とワークヘッドメンテナンス技術員が協働でメンテナンスの方法、常備品(A)の持ち方および交換頻度、傾向値管理するもの(B)のやり方を考え、基準を明記した「ワークヘッド消耗品一覧表」を作成し、製造部門への落とし込み

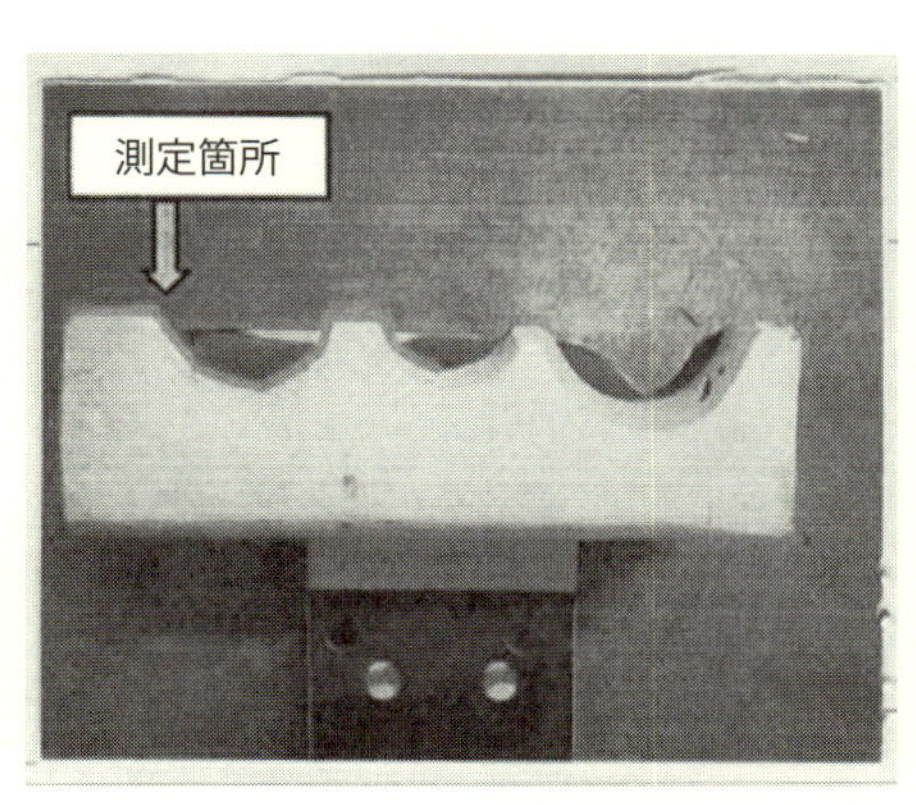

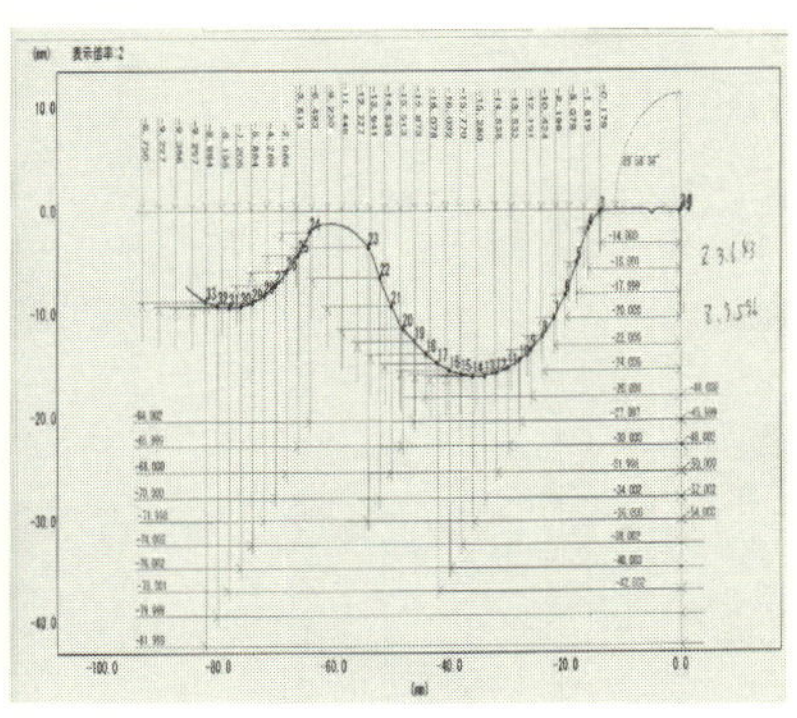

写真2-3-2　磨耗度の管理（B）

を図っている。

具体例として、樹脂ダクト製品のブロー成形後の袋カット機を例に挙げる。

「ことのワークヘッド」であるカット刃は(A)の常備品を持ち入れ替えるタイプである。交換頻度は、ワークヘッド一覧表の中で10万回ごととなっているが、交換を実施する製造部門にとって、10万回がいつなのかは不明である。月に5万個生産する場合は2カ月ごとの交換であるため、ワークヘッドに（次回交換：平成21年9月4日）と明記し、その計画と実績の証を製造作業日報へ記入してトレーサビリティができるようにしている（**写真2-3-1**）。

「位置決め」のワークヘッドであるカット機の受け治具は、(B)の傾向値を把握して管理していくタイプである。作製時に形状を測定し、一定期間使用した後の磨耗状況の傾向値を管理していく。磨耗度を管理していくことで良品条件を維持する（**写真2-3-2**）。

このようなメンテナンスを実施することで、これまでのワークヘッドは必要以上の材質や形状で作製していたこともわかってきた。これらを改善したことで、結果としてワークヘッドがコンパクトになりメンテナンスしやすくなっている。そしてこれらの改善内容を設計側に落とし込むことで、メンテナンスまで考えたワークヘッドのさらなる最適化をめざしている。

伝承と確認

人財育成

セキソーでは、人材育成の材の字に財産の「財」を使い「企業の発展は、そこで働く人たちの成長の結果である」という考え方を持っている。自前教育を基本としており、現在グループ内で「世界でこの人が一番」といった先生の私塾を含め52の塾を持っている。その数例を以下に挙げる。

①ＭＦ研（職係長クラスに実行体験を持たせるため）
現地・現物・現認主義に基づいた活動で、70日間職場を離れて1つのテーマを研究し、実践活動を通して常に問題意識を持ち、問題発見、問題解決のできる人へ教え育てる実践教育。23年間で延べ５２３人が卒業している。

②巻紙分析
事務部門において事務の工程をスルーに見て、重複・停滞・ムダの事務改善につなげるための分析手法の教育。また、各部門の事務作業での受理・加工・配布とその加工確認も重要なテーマである。9年間で67人が卒業している。

③塾と道場
良いものを造るための「人財育成」は、前述した通り理屈を教える「塾」と、新たに実行体験し体感を目的とする「道場」で行っている。ここでは、安全（18項目）、人・加工（36項目）、加工確認

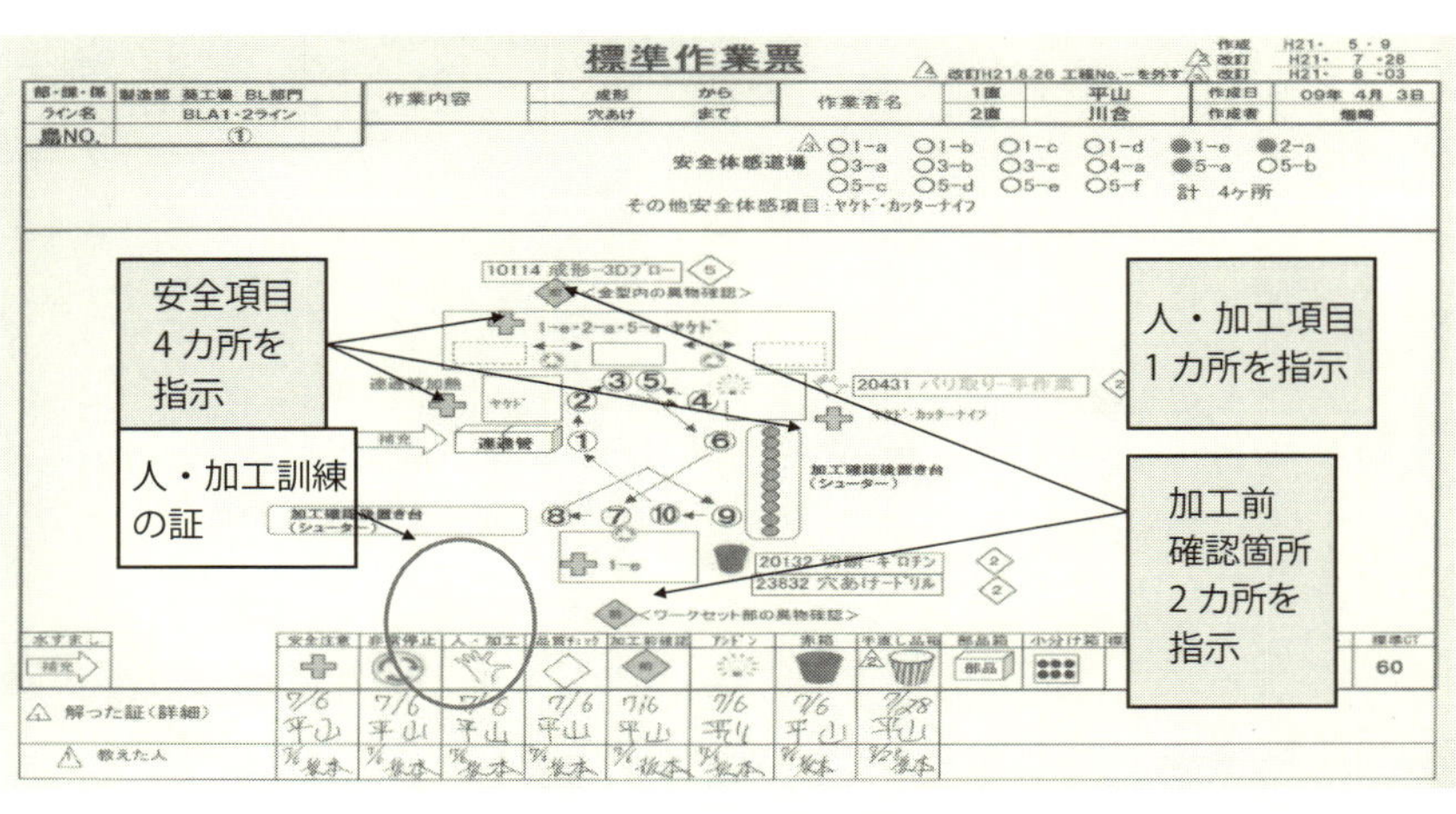

表2-3-2　標準作業票

（112項目）を教育訓練している。

良いものができる教育訓練

良いものを造るための「人財育成道場」は工場内に設置し、監督者教育および新人作業者の作業訓練を行い、ライン作業に従事してもらうことを内容としている。

人作業訓練（人・加工訓練）は、全36項目を自習訓練できるための教材、要素作業の免許証（標準書）を準備し、道場主が認めた先生が教育して認定する方式をとっている。

作業のベテラン（職人）を先生と称し、道場主と先生とで協働し、模範となる作業のやり方、具体的にはワークの持ち方、足の構え、左右の手の動かし方、リズムの取り方などをその作業の標準とし、ビデオ教材や手順書に落とし込んでいる。

訓練は、**表2-3-2**に示す標準作業票に落とし込まれている要素作業を自習で訓練するのが基本であり、人・加工のやり方をまず自習する。そして、それを自身で繰り返し、体で覚える体感教育である。自信がついたら手を上げて先生に見てもらい、合否の判定を受ける。合格であれば1人前になり、ベテランと同じ作業ができる。その後、ライン作業に従事する。これにより、30分でベテランになることができる。

■リベット打ち組付作業の例■

リベット打ち角度が品質に及ぼす影響が大であるため、一定角度で作業ができるまで訓練を繰り返す道場である。右手のリベットガンの持ち方、左手のワークの支え方、足の構え、姿勢を決めリベットガンを押さえる力、面直に押さえることができる角度を、訓練シート上にスタンプを押印することで代用し、うまく押印できるように訓練する。次に、本物のリベット打ちで訓練する。そうすることで、ベテランと同じ作業をすることがすぐに可能となる。

良いものができた確認訓練

顧客との品質契約である「検査法」に基づき、「品質チェック標準総括表」に書かれている「初物・終物確認」「加工確認」のやり方を訓練している。人・加工作業、機械作業された結果としての品質を工程ごとに確認する。いわゆる「自工程完結」する最終確認である。

①初物・終物確認

加工した人が、決められた測定具（手順書をもとに使い方を伝承確認している）を使って、決められた項目について初物が良いものであることを確認し、初物から終物までの間で生産されたものが「良いもの」であることを保証している。監督者はその実施状況を保証している。そして、それぞれのやり方を道場で訓練する。その結果を階層別品質チェックシートに記録し、履歴を残している。

②加工確認

加工確認は人の作業であり、正しく良否判定ができるように道場で訓練している。一例を挙げると、ウレタン貼り工程で、ウレタンを貼ったものの良否を判定するのに、まず加工確認ボード、良品サンプル8個と4つの不具合項目（位置ズレ、浮き、スキ、欠品）のサンプルを各2個ずつ準備する。訓練の前には、加工確認ボードの良品サンプルが置いてあることを確認し、また、4つの不具合項目をそれぞれ確認する。良品の中に1個の不具合品をランダムに混ぜておいたサンプルを加工確認ボード（現場と同じもの）で確認し、良否の判別をする。

全サンプルの判別が終了したら、サンプルにマジックテープで隠してある答えを見て、答え合わせをする。自信がついたら次の不具合項目を訓練し、すべての項目で自信がついたら先生の立ち会いのもとでテストを実施し、合格した者だけがラインで作業できる。

このように自習訓練を行うことで数をこなし、1時間でベテランと同等のスキルを身につけることができる（**図2-3-4**）。標準作業票の加工確認欄に、教えた人・教えられた人のサインをもってその証としている（表2-3-2の下欄）。

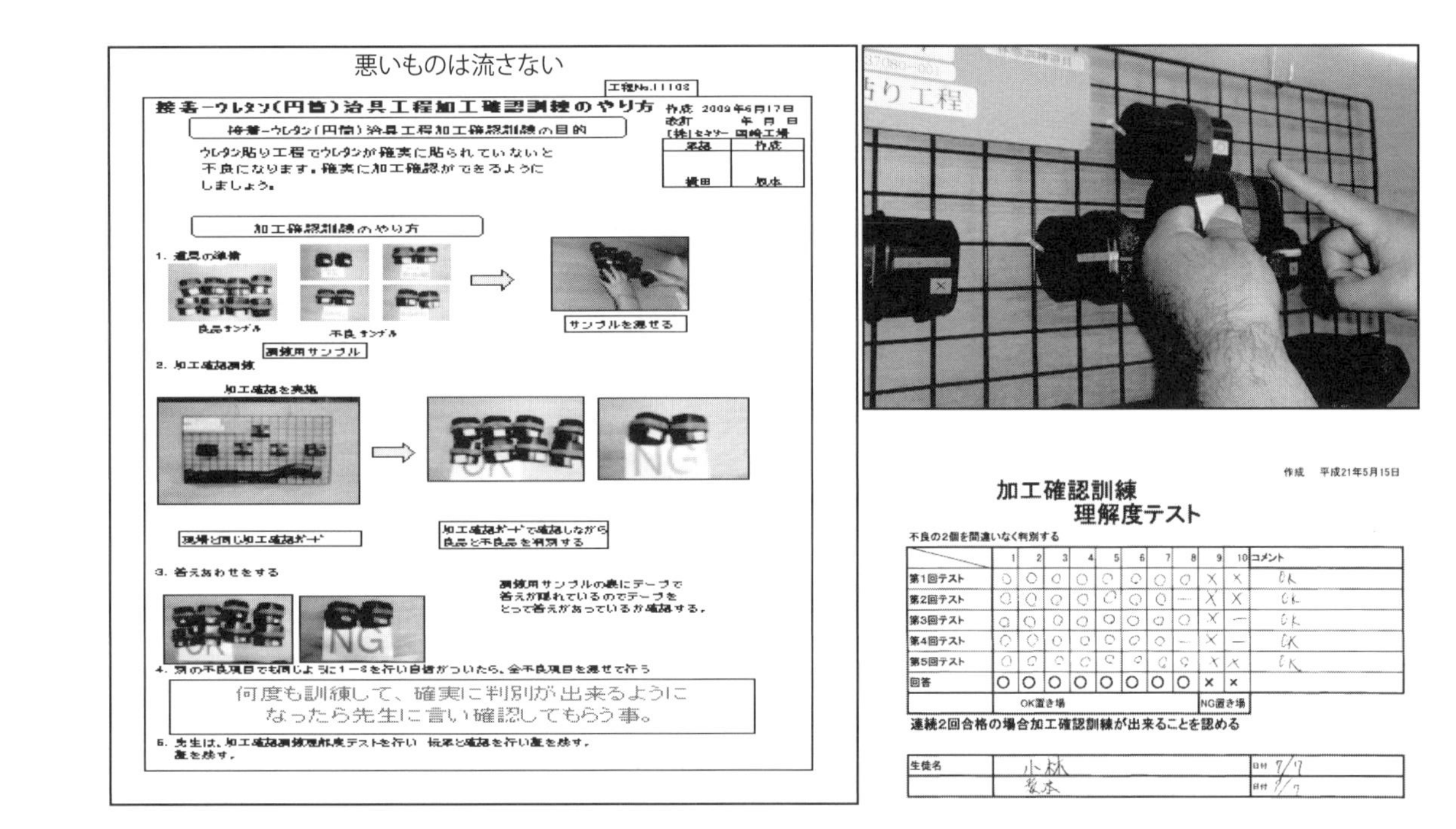

悪いものは流さない

工程No.11108

接着ーウレタン(円筒)治具工程加工確認訓練のやり方

作成　2009年6月17日
改訂　　年　月　日
[株]セキソー　岡崎工場

承認	作成
織田	坂本

接着ーウレタン(円筒)治具工程加工確認訓練の目的

ウレタン貼り工程でウレタンが確実に貼られていないと不良になります。確実に加工確認ができるようにしましょう。

加工確認訓練のやり方

1．道具の準備

良品サンプル　不良サンプル

訓練用サンプル

サンプルを混ぜる

2．加工確認訓練

加工確認を実施

現場と同じ加工確認ガード

加工確認ガードで確認しながら良品と不良品を判別する

3．答えあわせをする

訓練用サンプルの裏にテープで答えが隠れているのでテープをとって答えがあっているか確認する。

4．別の不良項目でも同じように1－3を行い自信がついたら、全不良項目を混ぜて行う

何度も訓練して、確実に判別が出来るようになったら先生に言い確認してもらう事。

5．先生は、加工確認訓練理解度テストを行い　結果と確認を行い判を押す。

作成　平成21年5月15日

加工確認訓練
理解度テスト

不良の2個を間違いなく判別する

	1	2	3	4	5	6	7	8	9	10	コメント
第1回テスト	○	○	○	○	○	○	○	○	×	×	OK
第2回テスト	○	○	○	○	○	○	○	—	×	×	OK
第3回テスト	○	○	○	○	○	○	○	○	×	—	OK
第4回テスト	○	○	○	○	○	○	○	—	×	—	OK
第5回テスト	○	○	○	○	○	○	○	○	×	×	OK
回答	○	○	○	○	○	○	○	○	×	×	
	OK置き場								NG置き場		

連続2回合格の場合加工確認訓練が出来ることを認める

生徒名	小林	日付 7/7
	坂本	日付 7/7

図2-3-4　「良いものができた」確認訓練

標準作業票をもとにした教育訓練

新規部品の量産が始まる前には、「工程フロー図」から作業の島ごとに「標準作業票」を作成する。「標準作業票」は、全作業者のものが揃っている。

標準作業票ごとに、該当する安全項目、人・加工項目、品質チェック項目などとそのレイアウト、標準サイクルタイムを記載している。作業者は、作業に当たる前に「標準作業票」を見れば、自分のやらなければならないことがすべてわかるようになっている。また、これにより、その作業の項目に沿った教育訓練ができる。

訓練道場にて、安全、人・加工、加工確認の基本的な訓練を先生より受ける。先生側から見ると、訓練内容を理解してもらったか、教えられる側にとっては理解したかが重要であり、理解度テストなどで「伝承と確認」をチェックしている。最終的にその証として「標準作業票」に記録を残している。

これに加え、「生産前確認」「異常処置」（止める・呼ぶ・待つ）も教育訓練の対象としている。これらについても「生産前確認用標準作業票」を作成し、教育訓練とその証、そして条件チェックシートなどで記録を残している。

この中ではインライン保証、ポカヨケ、ワークヘッドと良品条件の見極めを行うことで、作る者の加工確認項目を減らし、「らくらく作業」を実現している。さらに主作業者が「らくらく」作業をすることが、まさに「良いものができる」環境である。そのために、以下などの付帯作業者についても標準作業票を準備している。

○段取り
○みずすまし（集配作業者のことを言う）（ベストポジションに必要なとき必要なだけ供給する）

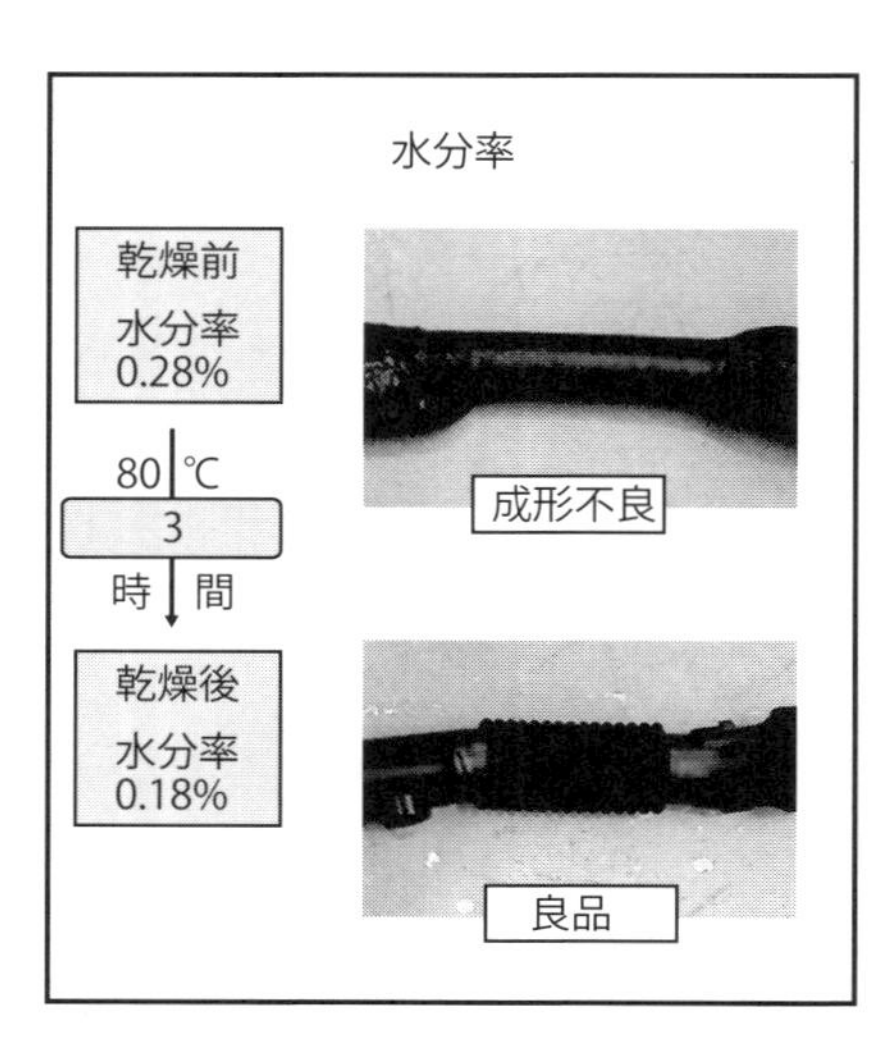

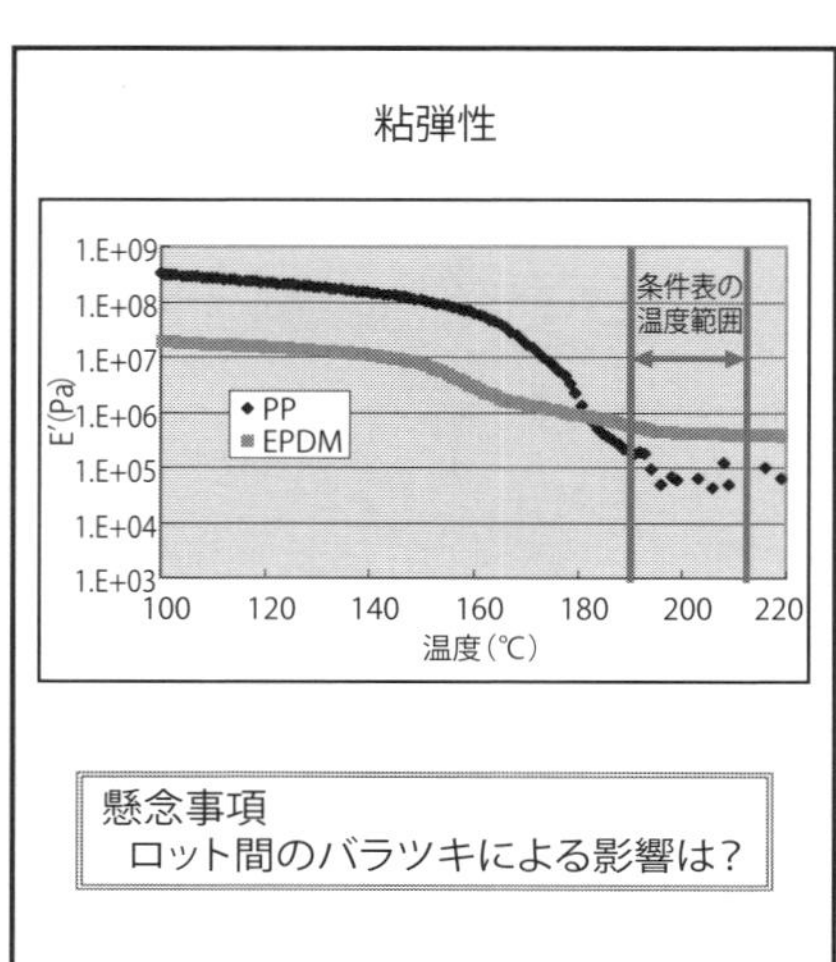

図2-3-5　良いものを造り続ける手段

良い材料へのこだわり

４Ｍの１つである良い材料とは、材料スペックに合った材料であり、そのためには当たり前ではあるが材料仕様書を発行し、スペック通りの材料である証を取ることが必要である。そのために、ロットごとの保証票が添付された材料を買い入れ、使用時には保証されたロットNo.を階層別品質チェックシートに記載し、トレーサビリティが確実にできるようにしている。構成品についても同様に、保証されたロットNo.を記録する仕組みとしている。

しかし、保証された材料にもかかわらず、受け入れ後の保管の状況、季節変動などで性能が変化するものがあり、良いものができないケースがある。またスペックにない項目のバラツキが影響するケースもあり、重要部品（Ａランク）の場合、使用前の水分率および粘弾性係数値を材料生産ロットＮ＝５で測定し、材料に起因する不具合をなくし、良いもの

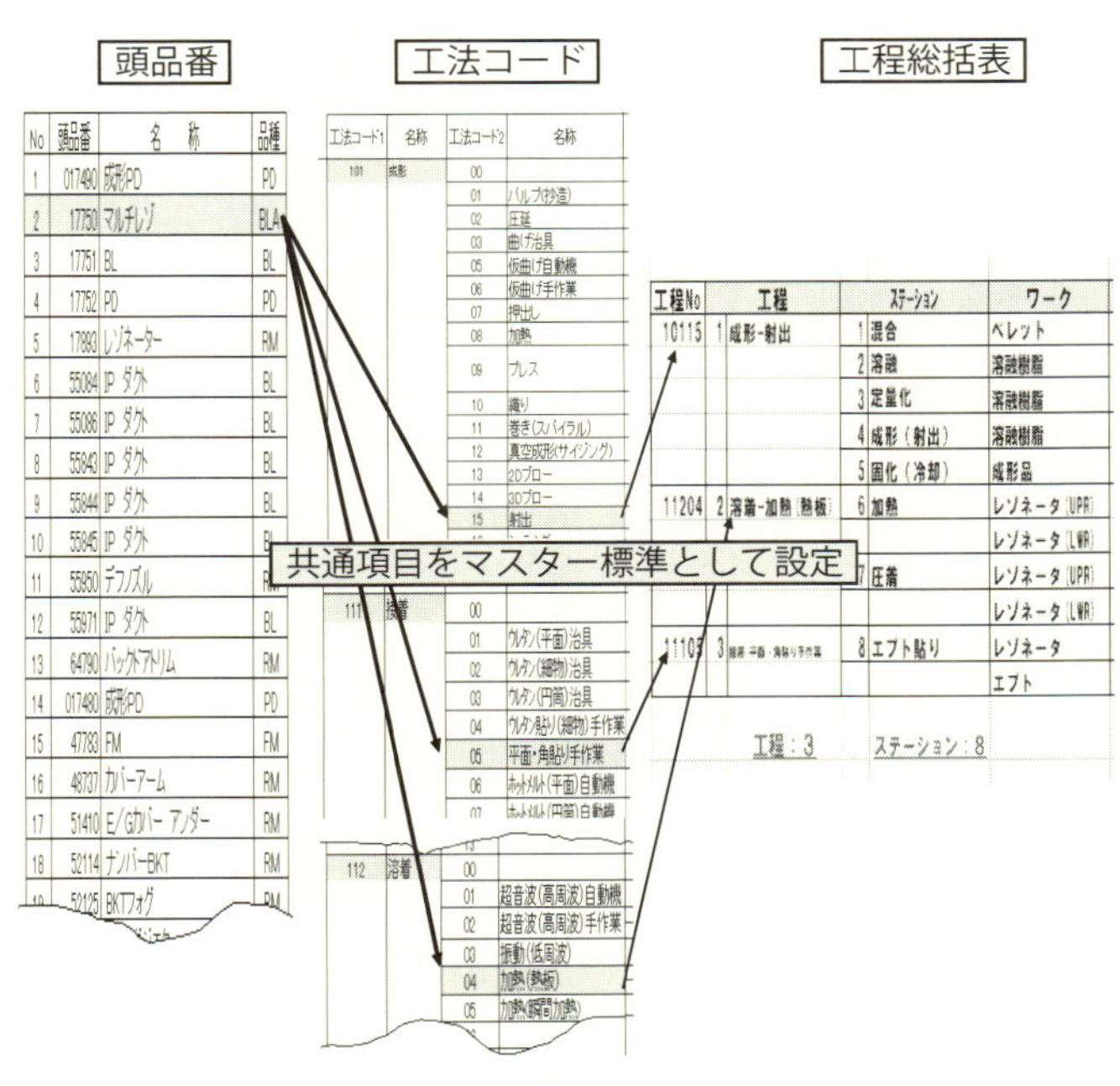

表2-3-3　製品群の一覧

を造り続ける活動の手段の1つとしている（図2-3-5）。

標準化のまとめ

マスター化とコード化

生産している自動車部品を製品群で整理すると、42部品に分けられる。これは、製品品番の頭5ケタで層別することができる（表2-3-3）。

同一製品群は製品側から見ると、その機能、使われ方および品質水準が類似であり、部品ごとに設定される検査基準、品質チェック標準に共通部分があり、したがって、それをマスター化している。

品質チェック標準のマスターをもとに部品特有の項目を追加するだけで、過去のノウハウが折り込まれた、落ちのない標準が短時間でできることとなる。また、同一製品群の工法は、現在用いられ

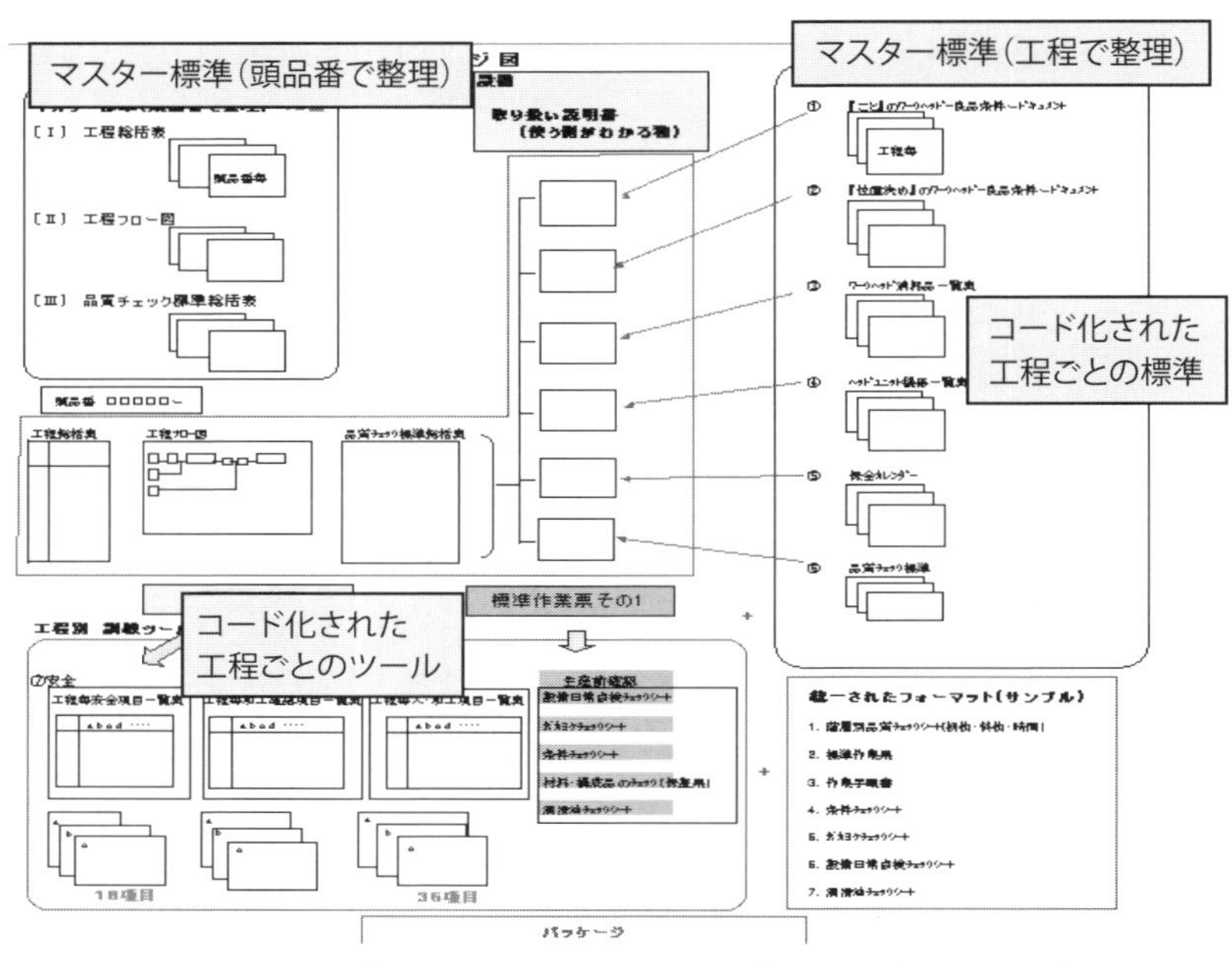

図2-3-6　世界同一品質を実現するパッケージのイメージ

ている工法が大半であり、図面が出図されれば一部を除き短時間で工法を設定することができる。したがって、自社に現存する工法をコード化し整理することにより、工程フロー図および工程総括表が作成できる。そして、作成された品質チェック標準により、品質基準に合致した工程が計画できる。

「世界同一品質」を実現するため

世界同一品質を実現するためには、同一標準でもの造りを構築する必要があり、そのためにわれわれはマスター化・コード化に取り組んでいる。

良いものを造るためには、製品群ごとにマスター化された「工程総括表」と、工程ごとに整理された「工程フロー図」「ワークヘッドと良品条件洗い出しシート」「ワークヘッド消耗品一覧表」

「ヘッドユニット機器一覧表」「保全カレンダー」から該当する標準を選択し、新規部品の「良いものを造る」ための標準およびドキュメントがパッケージとして準備される。

良いものができたことを確認するためには、製品群ごとに整備された「品質チェック標準総括表」「工程別品質チェック標準」があり、この品質基準をマスターとして加工確認ボードに落とし込んでいる。このパッケージ展開が全世界のグループ拠点での、世界同一品質を実現することにつながっている（図2-3-6）。

製品ごとのマスター標準および工程ごとのマスター標準は、各拠点からのベスト提案を採用している。

標準を大切にする心

セキソーでは、自工程完結を展開する仕組みとして「全員でらくらく良いものを造る活動」を展開している。しかし、仕組みに乗っていても残念ながら顧客に迷惑をかける不具合、および工程内不良が発生している。発生した不具合を謙虚に受け止め、何が悪く、何が不十分で不具合発生につながったかの真因を突き止め、標準化し、横展開していくことが自分たちの課題と考えている。

また、構築してきた仕組みを空回りさせないための、現場の管理を充実していく必要を感じている。現在、現場管理者育成のため、「標準を大切にする心」の定着に向けた管理監督者教育（ＦＭＤＳ）の展開を始めている。この中でも、「世界同一のやり方」にこだわり、もの（５Ｓがベース）・標準（良いものを造る活動そのもの）・結果（ＫＰＩ）のスタンダードを定め、その活動を管理するやり方を基本としている。

あるべき姿を追求する活動　～マルヤス工業

「全員で良いものを造る活動」は、現場での生産性を向上させるだけでなく、従来とは異なる工法や生産設備を考えるきっかけとなる。顧客が求める「良品」を保証するための技術を考えると、既存とは異なる加工・組立の技術を考え、加工の条件を標準書類に加えていくことが可能になる。また、設備についても、良品を生み出す必要最小限のユニット、すなわち付加価値を生み出すワークヘッドという機能だけで構成される設備を考えることにより、既存の設備よりコンパクトで安価な設備を考えることが可能となり、設備をメンテナンスすることも容易になる。

こうした活動は、管理技術であるＩＥの見方や考え方だけでなく、設備のメカニズムや工法といった生産技術（固有技術）の領域に踏み込んだ改善を促し、生産現場で働く人たちが、固有技術を意識して改善に取り組む人材として飛躍するきっかけとなる。この活動における「全員」とは、経営陣も含めた全社員が一丸となってこの活動に取り組むことを意味している。

以下では、「良品条件とワークヘッド」の考え方について、技術的な内容にも踏み込みながら、同社が進めている活動を紹介する。ケース・スタディでは、一部の専門用語が難解に感じられるかもしれない。そのような技術的な内容がなぜ人を育てることに結びつくのかは第3部第3章で記述されているので、そちらを先に読む方が理解しやすくなるかもしれない。

Company Profile

会社名	マルヤス工業㈱
設立	1956年8月（昭和31年8月）
本社	名古屋市昭和区白金2-7-11
事業所	岡崎工場・御津工場
事業内容	自動車部品・鋼管・エレクトロニクス・産業用品
代表者	代表取締役社長　山田泰一郎
資本金	4億5,000万円
従業員数	1,075人（2014年6月現在）／グループ：5,058人

「良品条件とワークヘッド」に着目して設備も改善

マルヤス工業の生い立ち

マルヤス工業は1956年に創立し、自動車部品の製造・販売を開始した。1961年には自社開発により自動車ブレーキ配管用二重巻鋼管の生産を開始。現在では、グループとして「液体・気体の流れと状態制御をデザインできる技術開発」と、「音・振動をデザインできる技術開発」を行い、EGRクーラーや最適なエンジンマウントブラケットなどの製品を具現化している。

海外展開としては、グループ全体で世界6カ国13事業所に事業を展開しており、顧客に近いところでのもの造りを行い、製品の提供を行っている。

全員で良いものを造る活動

顧客に喜んでいただける製品を提供するため、また近年の製品の多様化に対応するため、TPM、TPS活動を通して、もの造りの体質強化に取り組んでいる。設計段階の各種シミュレーションを活用した最適設計やCAE解析、生産技術部門における新規設備導入、自働化の推進、製造段階でのインライン保証、ポカヨケを導入し、もの造りの進化を図ってきた。

「全員で良いものを造る活動」では、１９８１年に体質強化を目的として始めたＴＰＭ活動をベースに、「良いものができる」「良いものができた」「良いものを造り続ける」という3本柱の活動を推進している。特に「良いものができる」活動では、「良いものを造るステップ展開」を行っており、材料からこだわる「図面を良くする活動」、ＴＰＳの思想や「人の立場」「ものの立場」にこだわったライン設計などを行った上で、製造プロセス内で投入素材に価値をつけ加えている加工点にこだわった活動を進めている。

「良いものができた」「良いものを造り続ける」それぞれの活動についても加工点からの活動を実施しており、近年では加工点だけでなく、「搬送治具」にもこだわった活動を進めている。ここでは、特に加工点に注目した活動を中心に紹介する。

良いものを造るステップ展開

マルヤス工業では製品の生産準備を行うに当たり、実施すべき活動の大まかな流れを、「良いものを造るステップ展開」と称して活動を進めている。以下にその活動の概要を示す。

製品図面を良くする活動

顧客から受けた要求仕様に対する設計はもちろんのこと、その製品の使われ方や機能を知り、素材にもこだわったもっと良い図面を作る活動を行う。使われ方からは、相手部品との取り付けられ方からの公差設計、メンテナンス性なども考慮する。またこのとき、製品の作りやすさや製造コスト、さらに部品の共通化なども織り込みながら工程設計を行っていく。

基本変換の見極め

もの造りの工程設計を行うに際し、既存の工法にとらわれないために「基本変換」の見極めを行う。ここで「基本変換」とは、製造プロセスへの投入素材（初めのもの）を、製品（終わりのもの）に変換する上で必要となる最小限の変化（真に付加価値を生み出している変換）を表す用語である。可能な限り、この「基本変換」を実現する仕組みだけからなる、贅肉のないシンプルで生産効率の高い生産体制をめざしていく。

工法・工程の選定

見極められた「基本変換」をもとに、工法（製造方法、加工方法）の選定を行う。選定に当たっては、量に応じたもの造りを考慮に入れる。同社ではその製品を1個だけ造るための「原点加工」を考えることとしており、過剰能力の量産機から考えるのではなく最小限の動力からの工程造りを行うようにしている。工法は基本変換ごとにリスト分けされ、工法ファイルでまとめられており、誰でも選定しやすいようになっている。

工程造りにおいては原案となる工程フロー図を作成し、各部署でこれを活用して検討を行う。

ライン設計

ライン設計においては、TPSの思想を入れるのはもちろんのこと、製品を構成する部品の組付方向や組立手順を立体的に図示した「立体組立図」を作成している。製品に対する構成品がどのような方向から組み付くかを明らかにし、顧客納入後に使われるところまで各工程における姿勢について、「人の立場」「製品の立場」に立ち、「持ったら離すな」「いじくりまわすな」の考えで、望ましいワークの姿勢を決定することをこだわりとしている。

ワークヘッドと良品条件の構築とヘッドユニット・設備ユニット設計

以上の活動を行った上で、「ワークヘッドと良品条件の構築」、「ヘッドユニット・設備ユニット設計」を行う。この活動については、次項より具体事例をもって詳しく紹介する。

ワークヘッドと良品条件からの良いものを造る活動

良いものを造るための活動の1つとして、ワークヘッドと良品条件からの活動を行っている。以降は、自動車ブレーキ配管用二重巻鋼管の切断工程を実例に取り、その活動内容について紹介をする。

考え方

仕事の設計・改善技術の1つである「もの・こと分析」を学ぶ中で、**図2-3-7**に示すように「初めのもの（素材）」を「終わりのもの（製品）」に変えるための必要最小限の変化である「基本変換

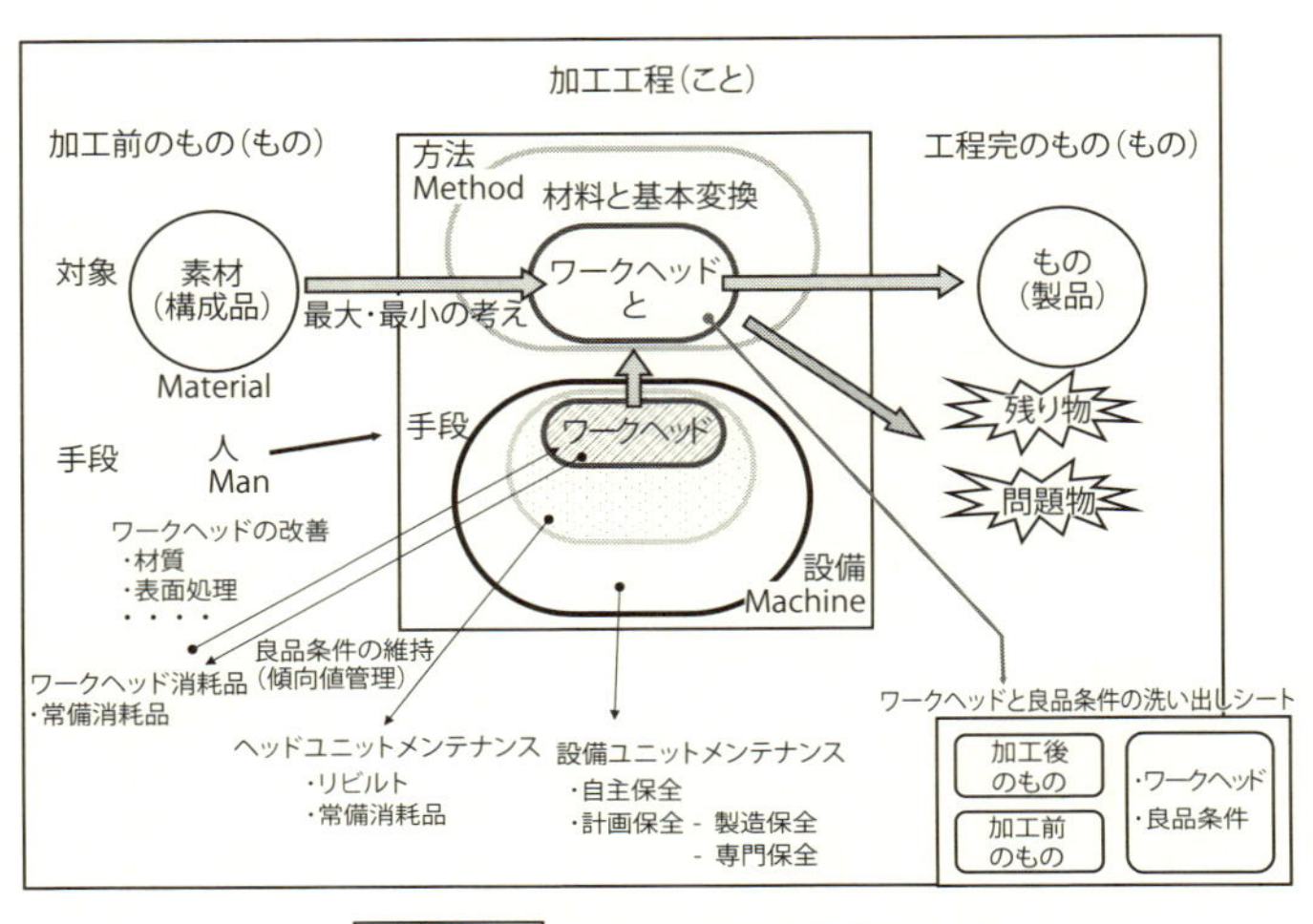

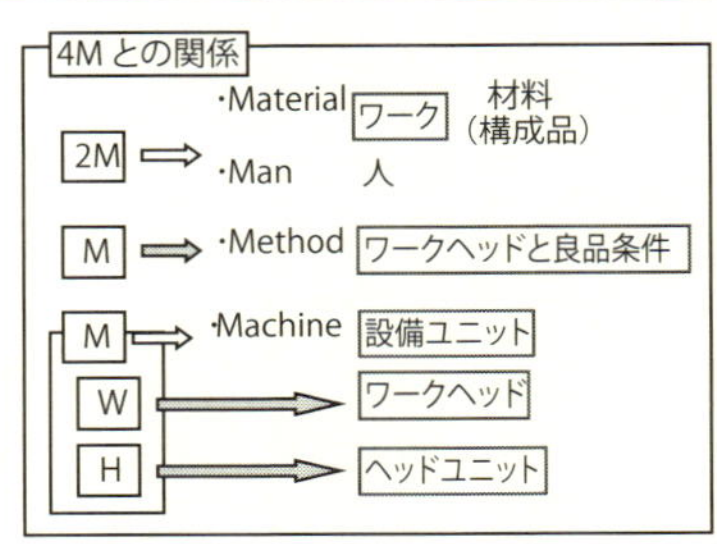

図2-3-7　ワークヘッドと良品条件の基本概念

（要のこと）」にこだわり、できるだけシンプル・スリムな工程造りをめざして、ここで基本変換－位置決め・ワークヘッドと良品条件の洗い出しを活用している。

品質にこだわったもの造りでは、設備造りは考えず、まず材料と基本変換を見極め、位置決めにこだわり、ワークヘッドに着目して良品条件を見出している。

基本変換と工法の選定

前述したように基本変換とは、「始めのもの」と「終わりのもの」の差を埋めるための最小限度の変化を示す。

ここでのポイントとして、

1つの基本変換に対してそれを実現する工法（製造方法、加工方法）はいくつもあり、技術者は、その中から八方をにらんで最適な材料と工法を選択する必要がある。今回の事例においては、二重巻鋼管の切断後、その切断面が後工程でのシール面成形の品質に影響を与えるため、様々な工法の中からプレスカット方式を採用した。

ステーションの考え

最適な工法を選択した後、ワークヘッドと良品条件の検討を進める過程で、こだわりの1つに「ステーション」の考えがある。「ステーション」とは、1つの工程でも、よく見ると複数の加工（こと）が含まれている場合があり、それぞれの加工を細分化し、分けられたものを示す。この活動においては、各ステーションでのワークヘッドと良品条件の洗い出しを行う。今回の事例においては、二重管の上部を切り欠く「こと」とその後切り欠き部から垂直方向へ切り離す「こと」の、2つの「こと」が行われている。

良品条件の設定

良品条件の設定、すなわち「ワーク」に対する「ワークヘッド」の作用条件を決定する上では、ワークヘッドが作用する力の方向や大きさなどに加えて、「ワーク」と「ワークヘッド」の位置関係、つまり位置決めの条件を明確にすることが、良品を製造するために極めて重要になる。

これらワークヘッドと良品条件および位置決めについては、洗い出しシートと呼ばれる用紙に書き出して検討している。**表2-3-4**に二重巻鋼管切断用プレスカットの洗い出しシートを例に掲げる。

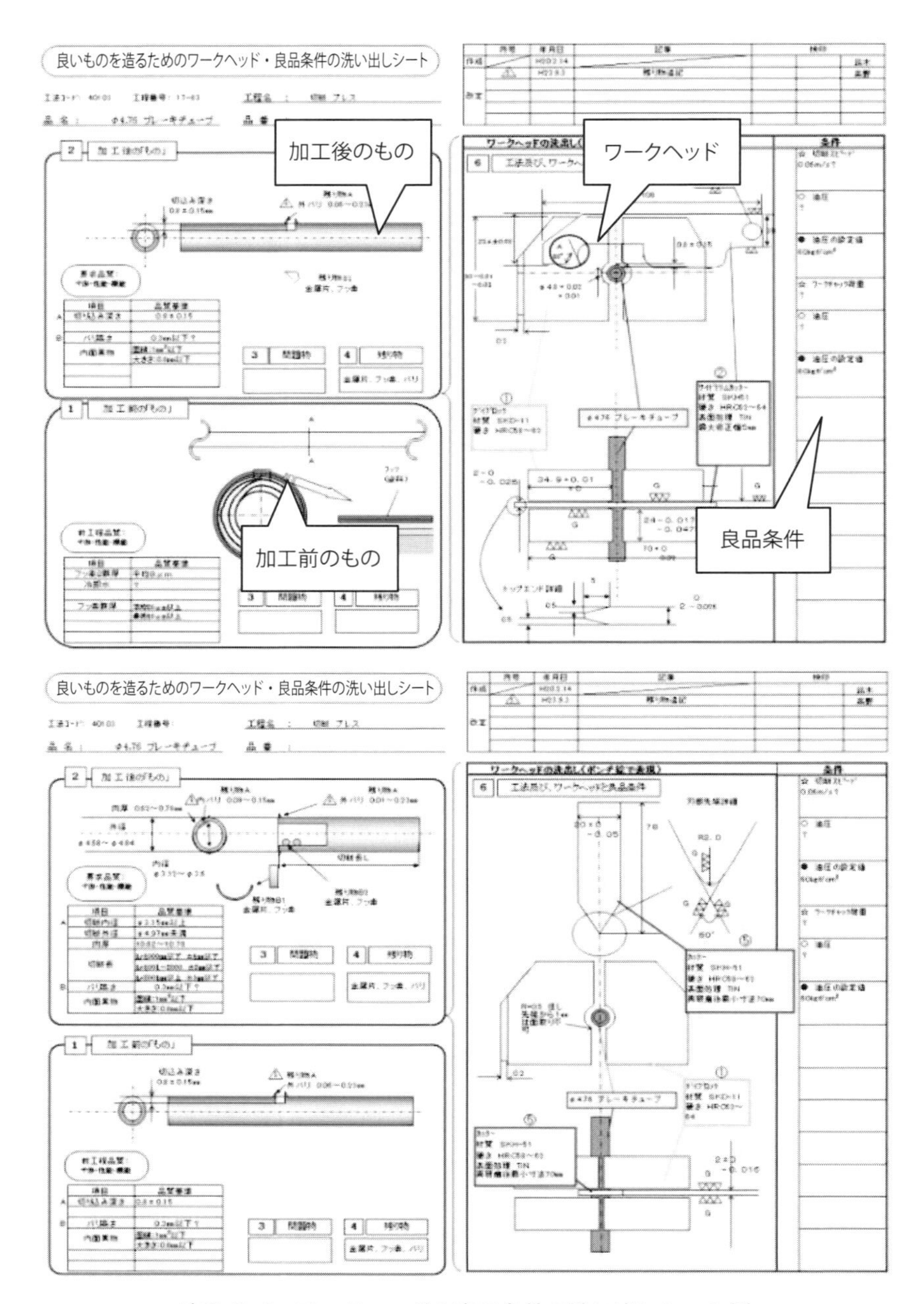

表2-3-4　ワークヘッドと良品条件の洗い出しシート例

事例では、ワークヘッドは、二重巻鋼管を位置決め、切断のための保持を行うダイブロックと、最初に上部を水平方向へ切り欠くサイドトリムカッター、およびその後切り欠き部から垂直方向へ切り離すカッターの3つからなる。

位置決めについては、二重巻鋼管の外径のバラツキを加味し、両側から可動するダイブロックにより常にワークのセンターを一定とする。サイドトリムカッターについては、加工原理としては切削と同じであり、刃先におけるすくい角に着目して何種類かのワークヘッドを製作し、トライおよびその可視化により最適な角度を選定した。

カッターについても加工原理はせん断と同じであり、過去の知見から刃とダイとの隙間が最適化された上で、刃の角度についても何種類かのワークヘッドによる検証によって最適な角度を選定した。

これらワークヘッドが正しく働けるための良品条件として、ダイブロックの締め力、切り欠き深さ、ダイブロック、サイドトリムカッター、カッターの形状・寸法、材質、硬さ、表面処理などが挙げられる。良品条件の見極めにおいては、ある日、あるとき、ある材料で見極めるのではなく、加工前の「もの」のサイズの「最大・最小」の組み合わせを考え、意地悪的にこの良品条件が成立するのか検証も行うこともこだわりの1つである。

残り物と問題物

前述のワークヘッドと良品条件の洗い出しシートには、左側半分に加工前のものと加工後のものを記載している。そこには、さらに残りものと問題物も記載しており、ここで言う残りものとは素材から出てきたもの、つまり、加工前のものから加工後のものを引いたものに当たる。また残りものが素

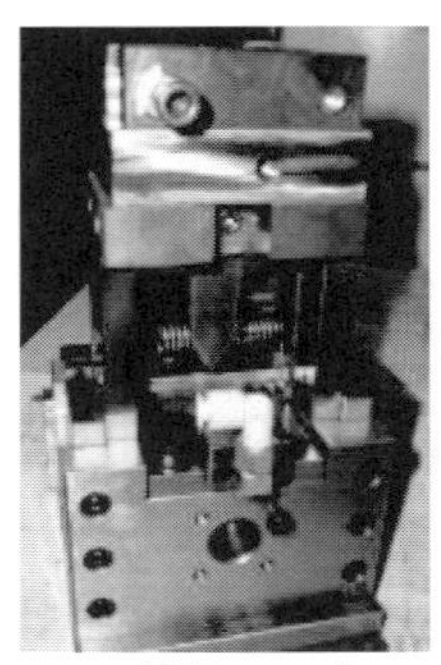

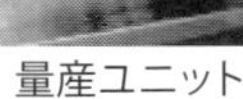

量産ユニット

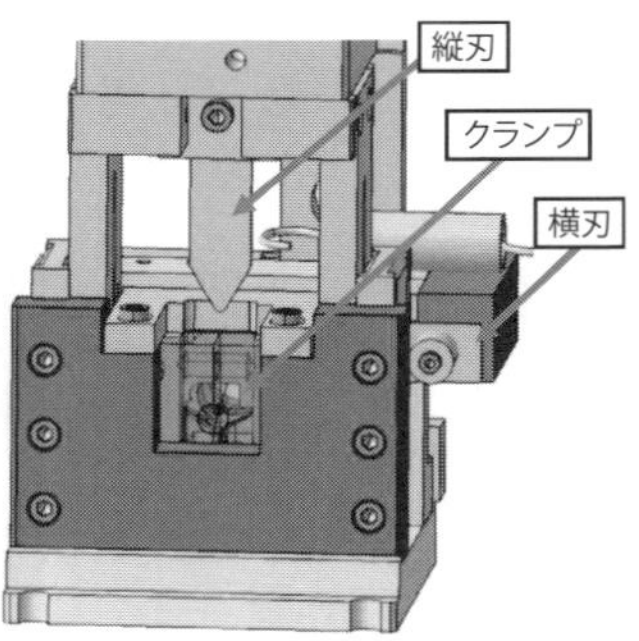

可視化モデル

可視化ユニット

高速度ビデオカメラ

可視化映像

写真2-3-3　可視化技術

材に一体で残るのか、切り離されてどこに残るのかまで考える。問題物については、道具として使ったもので役を終えたら邪魔になるものを示す。残りものの例としては、切断工程における切りくずであり、問題物の例としては、めっき工程におけるめっき液などが挙げられる。これらは除去する工程が必要となるため、最適な工程設計を行うためには、基本変換の見直しや技術力向上により、残りものや問題物をなくす、または最少にする必要がある。このような見直しを通じ、結果として投入素材の減量化が図られたり、製造工程がシンプル、コンパクトになったりする。

可視化

上記のような良品条件の検討、検証、評価のツールとして、可視化技術を活用している（**写真2-3-3**）。

今回の事例では、何種類かのワークヘッドによる検証を行うため、ブラックボックスとなってしまっているダイブロック内を試行錯誤の後、数回しか使うことはできないが、透明なアクリル製の治具を作成して内部が見えるようにした。さらに加工自身が非常に速いため、高速度ビデオカメラを活用することにより可視化することができた。

これらより、ワークヘッドの形状による切断時の挙動がわかり、さらにこだわった点としては、切断された切粉が必ず払い出されているかの検証まで行った。

このように基本変換から位置決め・ワークヘッドと良品条件までの見極めを行い、次に、これら良品条件を維持するためメンテナンスを行いやすくする体制づくりとして、マルヤス工業では「ヘッドユニット」と呼ぶ、位置決めと加工を1つのユニットにする検討を進めている。

ヘッドユニットと設備ユニット

設備開発を行うに当たっては、「ワーク」「ワークヘッド」「良品条件」という考え方に加えて、同社では「ヘッドユニット」および「設備ユニット」という2つの概念を取り入れた。

ここで、「ヘッドユニット」は工法を実現するハードウェアの単位であり、加工や位置決めの「ワークヘッド」やガイドなどから構成される。「設備ユニット」は、「ヘッドユニット」に動力などのエネルギーを与え、「ワークヘッド」が良品条件に従って正しく働くよう制御を行う機能単位である。

「ヘッドユニット」および「設備ユニット」という2つの概念のもとでは、設備は独立した機能単位に切り分けられることになり、メンテナンスを行う上でも大きなメリットを持つ。

また、故障が起こった際に、その原因追究を容易化する働きを持つ。さらに、各ユニットを装置全体から取り外して前準備・後始末の作業ができるようになるため、段取り作業を外段取り化することが可能となる。

ほかにも設備ユニットを共通化し、ヘッドユニットの交換により品種対応することを可能にしたことで、設備投資を抑えることができるなど、様々なメリットを生み出す考え方と言える。

前項で述べた位置決め条件の設定に関しては、われわれは「ワークとワークヘッド」の位置決め、「ワークヘッドとヘッドユニット」の位置決め、「ヘッドユニットと設備ユニット」の3つの位置決めについてこだわりを持って、その内容の設定を行っている。

ヘッドユニットの作成

加工に直接的に作用し、基本変換（加工）を実現させるためのワークヘッドと良品条件が確立されると、それらが正しく理にかなった動作と位置関係を実現するため、ヘッドユニットを作成する。

ヘッドユニットに求められる内容を下記に示す。

①ワークヘッドの位置決め（X－Y－Z方向）ができること（再現性）
②設備ユニットとの切り離しが容易な構造で、取り付け時も位置決めができる構造とする
③ワークの位置決めと加工が、ヘッドユニット内でまとめることができる構造がベストである

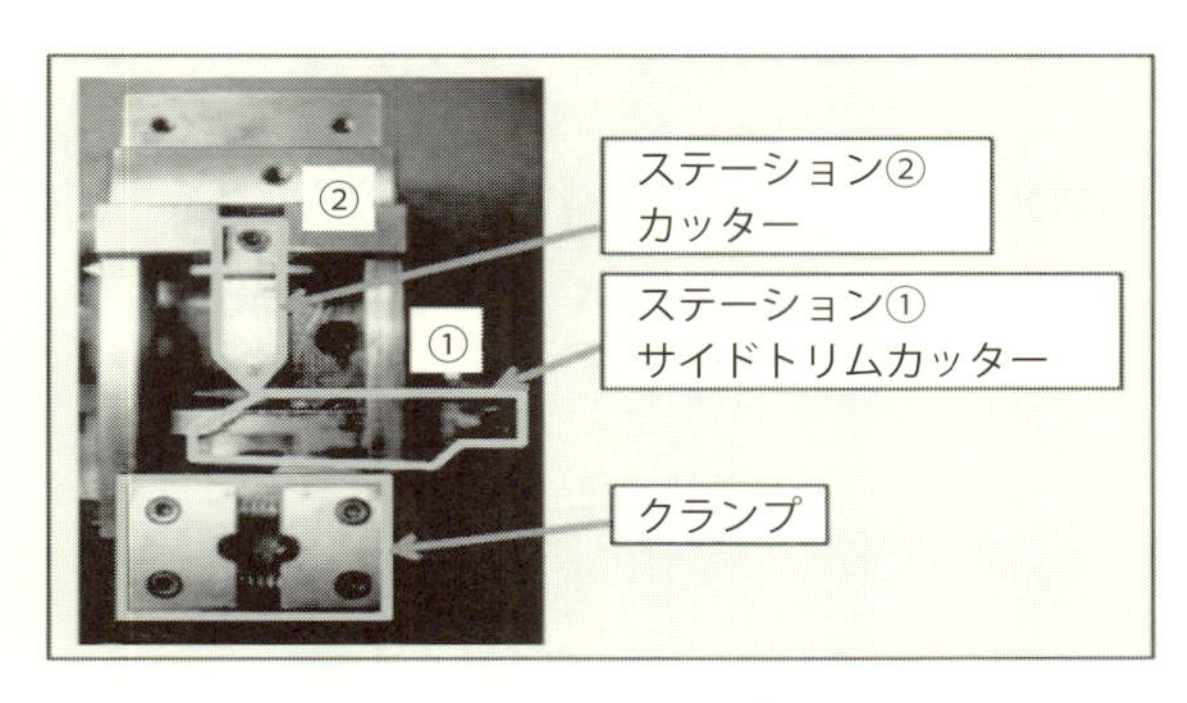

写真2-3-4　プレスカット用のヘッドユニット

④良品条件の洗い出しシートに基づいたワークの姿勢、作業方向であること
⑤できるだけ動力源は切り離したユニットであること（ユニット交換時、配線・配管の切り離しが手間となるため）。やむを得ない場合は、カプラやメタコンなどワンタッチ化を図る
⑥構造はシンプルに、サイズは最小限に（できるだけ、作業者1人で持ち運び可能なこと）
⑦ユニット単体での精度保証を考慮し、場合によっては専用の測定具を準備する
⑧ヘッドユニットはできるだけシリーズ化し、リビルトメンテナンスをしやすいようにする

写真2-3-4にプレスカット用のヘッドユニットを示す。鋼管のクランプ（位置合わせヘッド）、横刃、縦刃（加工ヘッド）の3つのワークヘッドが、それぞれX－Y－Z方向にガイド位置決めされたものであり、これ単体でワークとワークヘッドの位置合わせ精度が保証されているものである。また、動力源はカム構造を利用して、外部からの上下の力のみで3つのワークヘッドを動作させている。

本ユニットと設備ユニットとの位置決めは、**写真2-3-5**に示

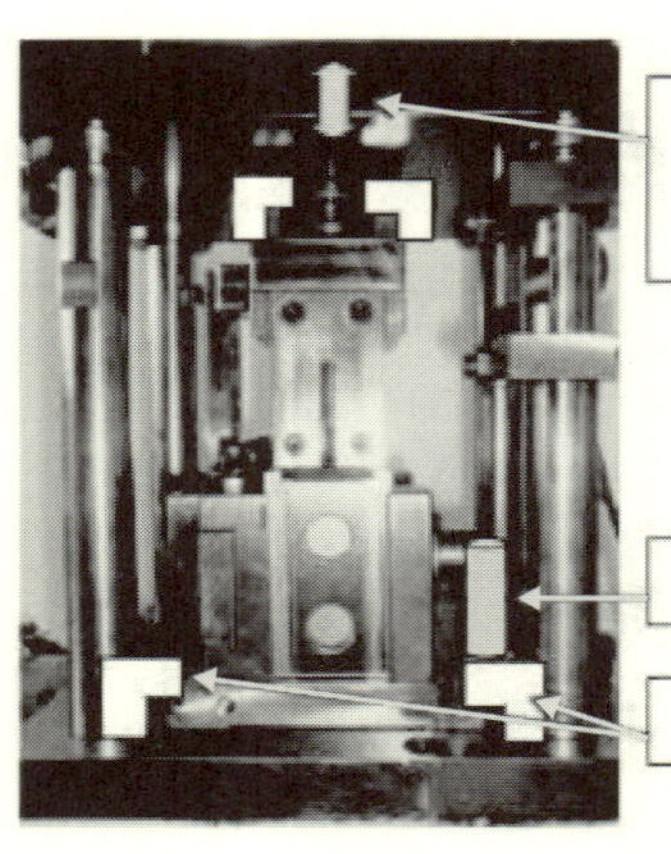

写真2–3–5　ガイドと位置決めピン

すようなガイドと位置決めピンによって構成しており、動力源の油圧シリンダもスライドタイプのフローティングジョイントを利用している。

ユニット交換は、位置決めピンを手で抜けばユニットの脱着が可能である。

設備ユニットの作成

一方で、設備ユニットの作成に当たって求められる要件として、以下のような点を挙げることができる。

①ヘッドユニットの位置決めができること（ユニット交換時の再現性）

②ヘッドユニットへの動力の与え方は生産量に応じた方法とする（過剰な能力はムダ）

③動力系・制御系の切り離しが必要な場合、カプラやメタコンなどワンタッチ化を図る

④良品条件の洗い出しシートに基づいたヘッドユニットの取り付け方向となっていること

⑤ワークの供給・取り出しはゴールデンエリア（作業しやすいエリア）を考慮のこと。また、生産量に応じた

供給・取り出し方法とすること
⑥計器類や測定値の確認、および操作は作業方向（作業者側）から行えること
⑦設備ユニットはコンパクト化を図り、特に横幅を小さくする（次工程との移動を小さくする）
⑧給油・潤滑が行いやすいこと（不要な潤滑箇所はグリスニップルを外すなど必要最小限のメンテナンスとなるようにする）
⑨加工確認・ポカヨケ装置は必要に応じて取り付けること

写真2-3-6にヘッドユニットを搭載した設備ユニットを示す。

(a)は、造管ラインと同一ラインにある切断工程で、オンライン上で走行製品長切断を行っている。(b)は定尺で切られた鋼管をオフラインで製品長切断を行っている。いずれも同じヘッドユニットを搭載することで、基本変換を行うヘッドユニットは共通化し、必要な生産量・生産方式にて設備ユニットを変化させている例である。

また、(a)の走行切断においては、(c)に示す側面視のように、走行台車が何列か並ぶことがあるため、奥からユニットが取り出しやすいような台を設けることや、ボールねじのメンテナンスを考慮し、片側のブロックを外すと設備を分解することなくボールねじが抜ける構造にするなど、メンテナンス性を考慮したものとなっている。

機器・機構・制御

これまで述べたヘッドユニット・設備ユニットについては、おのおのの部品を「機器」「機構」「制御」に分け、それぞれについてレベルを向上させる取り組みを行っている。また、個別に部品一覧表

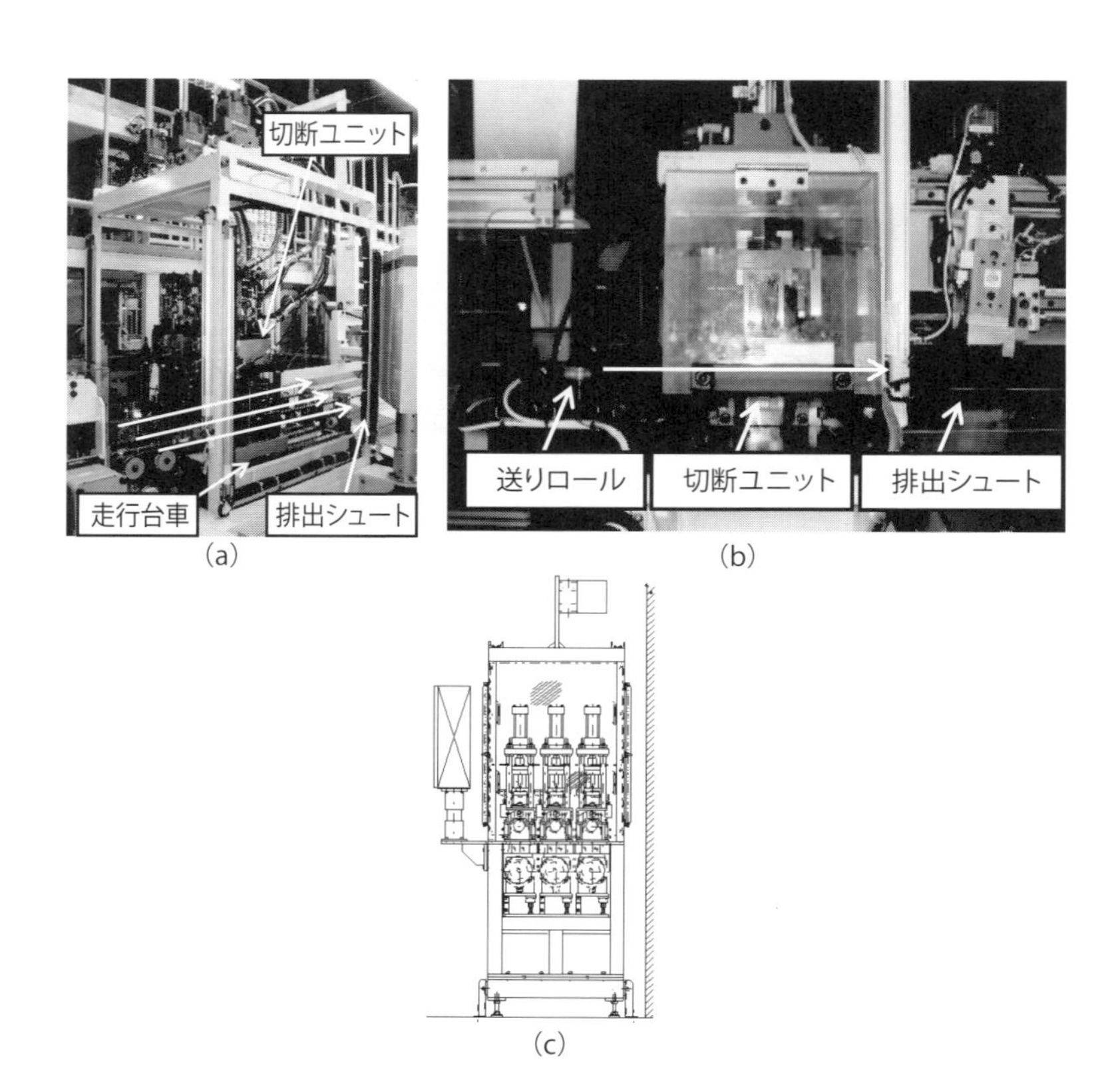

写真2-3-6　ヘッドユニットを搭載した設備

を作成してメンテナンスに活用している。

「ワーク・ワークヘッドからのもの造り」にこだわった組織

マルヤス・セキソーグループでは、関連会社であるマルヤスエンジニアリングが工機・保全部門を担っている。ここでは、加工点からのもの造りを徹底して行うため、良品条件をもとにしたワークヘッドとヘッドユニットを重点に検討するワークヘッド事業部と、そのワークヘッド・ヘッドユニットを使ってものの流し方を考慮し、それらを合せて検討する設備ユニット事業部に分けている。

また、機器・機構・制御においてもそれぞれに専門の担当者を置き、おのおのについて責任を持ってレベルの向上を図るようにしている。

良いものを造り続ける活動

マルヤス・セキソーグループでは、「良いものを造り続ける活動」と称し、メンテナンスを中心とした、ワークヘッドと良品条件を保つ活動を行っている。

この活動は、１９８１年より活動を続けているＴＰＭ活動をベースとしており、それにワークヘッドと良品条件からのメンテナンスの考えを加えて行っているものである。

これまでは故障させない「設備保全」を中心に活動していたが、「いかにワークヘッドと良品条件を保持するか」という考えで整理し直し、ワークヘッド・ヘッドユニット・設備ユニットそれぞれのメンテナンスを中心に据えた活動とし、仕組みを作った上でこれを進めている。

ワークヘッドのメンテナンス

「ワークヘッドと良品条件」から洗い出された「位置」と「こと」のワークヘッドは、設計で「ワークヘッド部品一覧表」に落とし込まれる（**表2-3-5**）。ここにはワークヘッドの種類と数が明確になっており、そのワークヘッドの交換基準（良いものを造り続けることのできる部品寿命）が定められ、しかも下記の方法でメンテナンスされる仕組みとなっている。

ワークヘッド部品一覧表　その1	ヘッドユニット 設備ユニット 名称	ダイセット	ヘッドユニット 設備ユニット 図番	F06113-02	ヘッドユニット No	HPS－	工程No	11－1～2

No.	こと位置	名称	図番または型式	保全(型・治具)管理図面No.(外製の場合)	使用個数	常備品(A)／傾向値(B)	シリアルNo. 要・否(要は○印)	シリアルNo. 登録台帳	交換基準(仮)
		(フッ素用ダイセット)							
①	位置	ダイブロック(フッ素用)　(チャック)	F06113-02-002		1×14	A	○	ME発行	100万45万カット 30万カット(8W)
②	加工	サイドトリムカッター(フッ素用)　(横刃)	F06113-02-005		1×14	A	○	ME発行	15万 17.6万カット(8W) 7万カッ
③	加工	カッター(共用)　(縦刃)	F06113-02-007A		1×14	A	○	ME発行	20万 35万カット 28万カット(8W)

表2-3-5　ワークヘッド部品一覧表

①常備品管理（A管理）

交換基準が明確になっているワークヘッドが対象で、交換基準に達したワークヘッドを予備品棚にある交換用ワークヘッドと取り換え、品質を保つやり方である。

交換基準に達した使用済みのワークヘッドとその最終ワークの両方を測定・調査し、交換基準が適切であったかどうかを評価することにより、交換基準の最適化も図っている（**図2-3-8**）。

②傾向値管理（B管理）

交換基準が明確になっていないワークヘッドが対象で、**図2-3-9**に示すように点検間隔を決めて点検測定しながらワークとワークヘッドの変化量を測定し、管理基準値を超えそうになる前にワークヘッドを取り換えることで品質を保つ管理方法であり、これを繰り返すことで、ワークヘッドの交換基準（最適寿命）を明確にしていく。

常備品管理・傾向値管理どちらのワークヘッドも、製造と技術員が協働しながら、こだわりを持って材質・形状変更などによる長寿命化を検討している。

搬送治具のメンテナンス

搬送ユニット、ピックアンドプレース（P&P）、シューター、マガジン、

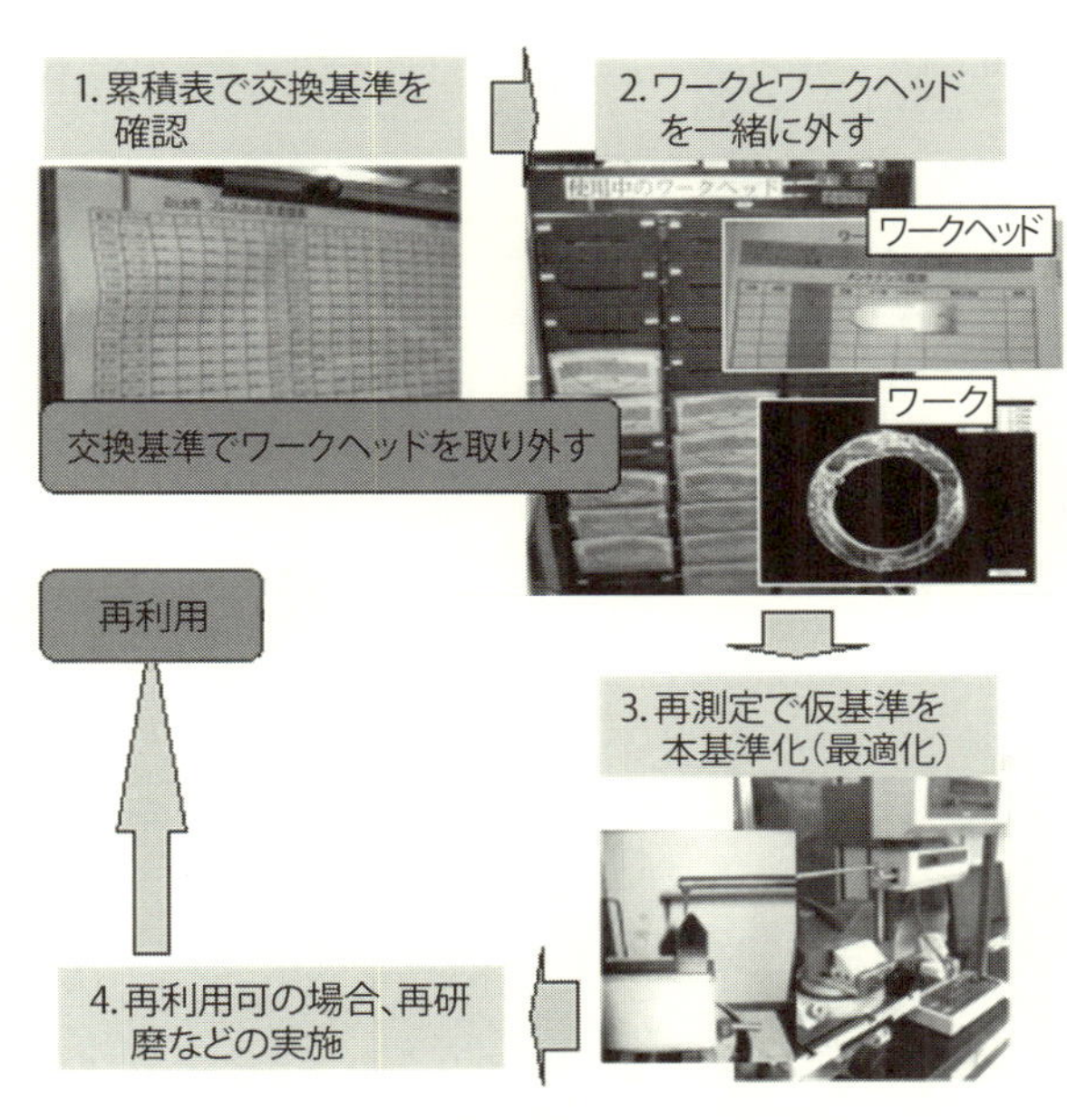

図2-3-8　常備品管理の流れと最適化

コンベアなどワーク（素材、中間製品、製品）を搬送、移送するユニットの中で、ワークと直接接触する部品を「搬送治具」と称し、これにもこだわりのメンテナンスを実施している。

この「搬送治具」は、ワークヘッドのように付加価値を与えないが、ワークに不具合を与えてしまう可能性があるため、ワークヘッドと同様に日常管理と交換基準によるメンテナンス対象としている。

具体的な仕組みとしては、ワークヘッド部品一覧表と同様に、設計段階から「搬送治具一覧表」により「搬送治具」は何があるかを洗い出し、交換基準を明らかにする。製造は、「搬送治具」の使用が交換基準（仮）に達したとき、予備部品と交換し、取り外した「搬送治具」を技術員は継続／廃却の判断を行い、これを繰り返して交換基準の最適化を図っている。

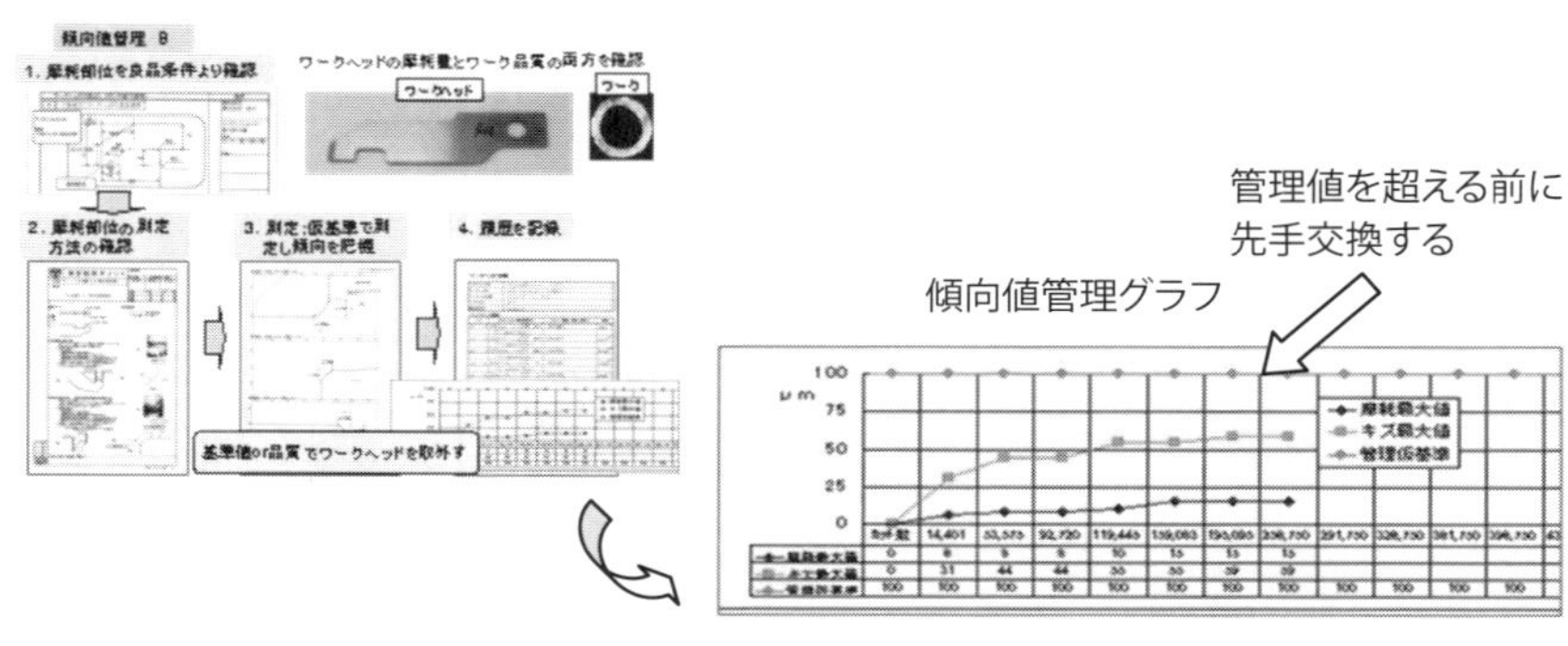

図2-3-9　傾向値管理の流れ

この「搬送治具」にこだわることにより、これまで各工程の品質確認において、ポイントを限定せずに漠然と見ていた「キズ・打痕」について、これらの不良は「搬送治具」が接触するところで起きているという確認ポイントを明らかにし、集中して品質確認ができるようにもしている。

ヘッドユニットのメンテナンス

ワークヘッドが取り付いているヘッドユニットに対して、定期的にメンテナンスを実施することによってワークヘッドへのガイド・位置決めの精度保証をし、ワークとワークヘッドが常に同じ位置関係で加工できるようにしている。

ヘッドユニットを構成している部品は、設計によって「機器」「機構」それぞれの「ヘッドユニット部品一覧表」にすべて落とし込まれる。そこでは、全部品の交換基準や予備品の必要性などが明らかにされており、それをもとに「ヘッドユニットメンテナンスカレンダー」を作成する。各ヘッドユニットは初期精度を測定の後に使用され、この「ヘッドユニットメンテナンスカレンダー」に基づき、定められた時期にヘッドユニットのリビルトメンテナンスが実施される。リビルトメンテナンスとは、予備の

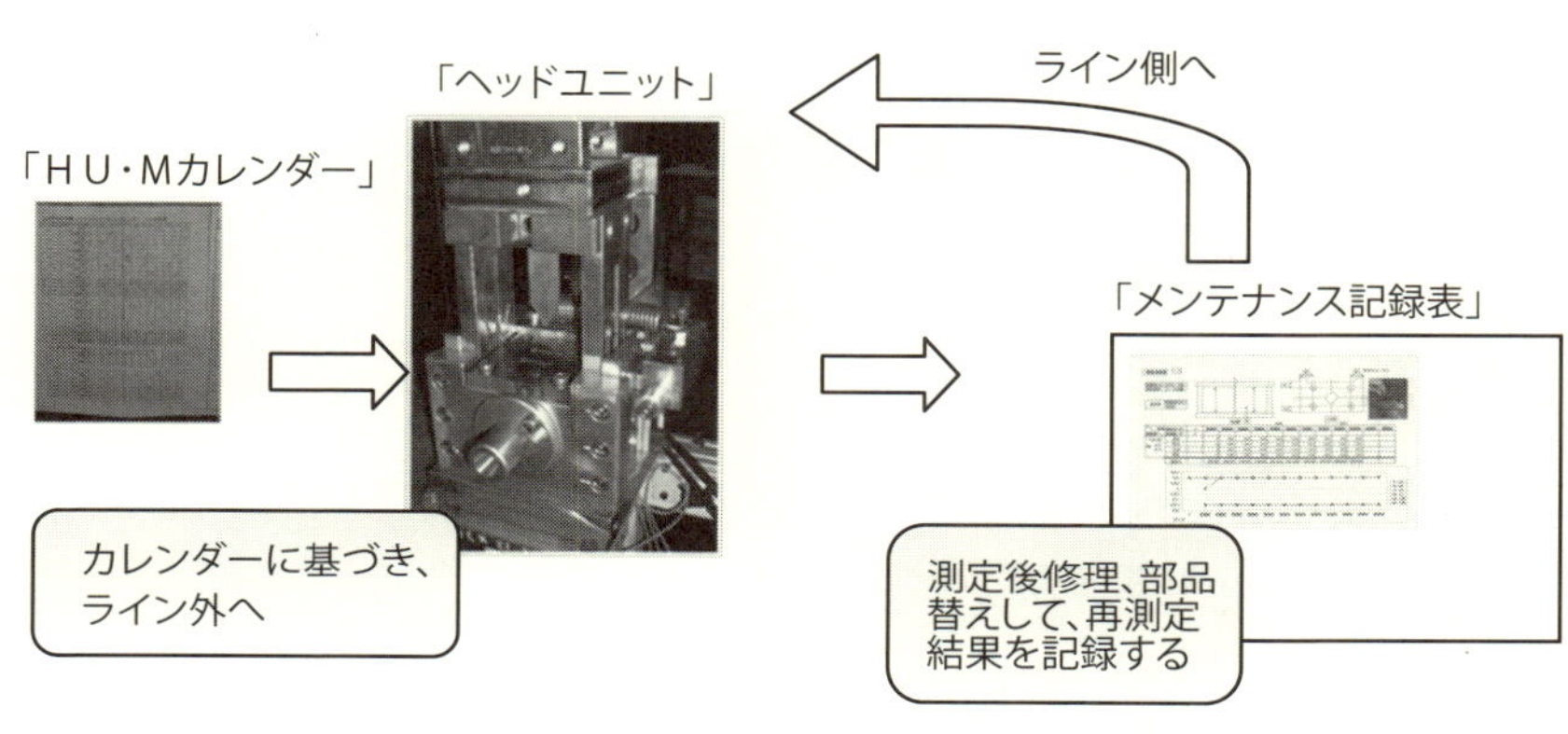

図2-3-10　ヘッドユニットのメンテナンスの流れ

ヘッドユニットを持ち、交換したヘッドユニットをライン外でメンテナンスするやり方である。

交換されたヘッドユニットは精度測定を行い、必要と判断された場合、その原因となる部品を取り換えて精度を回復維持する（**図2-3-10**）。

このときのメンテナンス前後のデータはヘッドユニットごとに「検査記録表」に残し、損傷しやすい部品を明らかにすることで各部品の寿命を延長し、ヘッドユニットの交換インターバル延長の検討を進める。

ヘッドユニットは、それ単体で加工の位置精度の保証までができ、設備動力と切り離されているためハンドリング性が良く、オフラインで確実なメンテナンスを行うことができる。また、このメンテナンスを集中管理することで、全拠点での同一品質をめざすことができる。

二重巻鋼管の切断ユニットの場合、切断工程を持っている拠点のすべてのヘッドユニットは、交換後に製造元であるマルヤスエンジニアリングへ送られ、リビルトメンテナンスが行われる。

写真2-3-7に示すヘッドユニットを送る輸送パッケージ

写真2-3-7　ヘッドユニットの輸送パッケージ

は標準化されており、タイなどの海外拠点においても、メンテナンス時期になると空の輸送パッケージがタイに送られ、これにヘッドユニットを入れて送り返すようにすることで、メンテナンス時期をコントロールし、メンテナンス漏れのないようにしている。

設備ユニットのメンテナンス

ヘッドユニットが取り付き、動力などのエネルギーを与える設備ユニットについても、定期的なメンテナンスを行う。

設備ユニットを構成している部品は、設計によって「機器」「機構」「制御」それぞれの「設備部品一覧表」にすべて落とし込まれる。この「設備部品一覧表」にも、「ヘッドユニット部品一覧表」と同様に、交換基準や予備品の必要性などが明らかにされており、それぞれについてメンテナンスを実施する。

①機器・制御のメンテナンス

設備ユニットの「機器」「制御」部品は、「設備共通仕様書」に登録されているものと、そうでないものとで層別してメンテナンスを行っている。

「設備共通仕様書」に登録されているものの予備品は、基本的に保全を担当しているマルヤスエンジニアリングが保有・管理をすることで、予備品の重複を抑えている。メンテナンスのやり方としては、それぞれにおいて、点検・メンテナンスのやり方（分解・交換・組付手順）を**表2-3-6**に示す「ワンポイントテキスト」で明確にしており、保全担当者がメンテナンスを行う。頻度が高いものなど、必要があれば製造保全への移行を行うが、これにも「ワンポイントテキスト」を利用し、教育・実施している。

「設備共通仕様書」に登録されていないものについては、予備品は基本的に製造が保有・管理し、交換を行う。交換したもののメンテナンスについては、メーカーよりメンテナンスおよび分解マニュアルを取り寄せ、また必要であれば保全が事前に分解し、分解に必要な専用工具の製作や点検のやり方を「ワンポイントテキスト」で整理し、保全マンの誰もがメンテナンスできるようにしている。

②機構のメンテナンス

機構のメンテナンスについては、測定方法、測定頻度を決めて定期測定し「検査成績書」に記入する。初期データからの変化を把握し、管理値を超えそうなときは修理・部品交換などのメンテナンスを実施して機構の精度を回復させ、また寿命延長の検討を行う。

③日常点検、月点検、年点検

製造と保全がタイアップして計画的に設備ユニットをメンテナンスすることで、設備ユニットを保全し維持している。

「設備部品一覧表（機器、機構、制御）」と過去の修理履歴から、日々点検しなくてはいけないもの

みんなが考え みんなで改善

ワンポイントテキスト

作成	23・05・17	承認
氏名	城殿康弘	

テーマ	ACモーター分解（ベアリング交換）	分類	機器
		NO	3−1−1、2,

No.	主なステップ	所要時間	急所	
1	道具の準備	／	7mm、22mmラチェットレンチ・樹脂ハンマー・8mmスパナ・8mmソケットレンチ・2.5mm六角レンチ・ホットプレート・ベアリング・専用治具	
2	ファンカバー取り外し	1	7mmラチェットレンチで3カ所ボルト取り外し	
3	ファン取り外し	1	2.5mm六角レンチでボルトをゆるめて取り外し	
4	ベアリングケース固定ボルト取り外し	2	8mmソケットレンチおよび8mmスパナにて4カ所ボルト取り外し	
5	ベアリングケース取り外し	1	樹脂ハンマーでローターをたたいて取り外し	
6	ローター取り外し	1	ローターを手で持ち、樹脂ハンマーで叩きながら引き抜く	
7	ファン側ベアリング取り外し	2	専用治具にローターをセットし、22mmラチェットレンチで取り外し	
8	出力側ベアリング取り外し	2	専用治具にローターをセットし、22mmラチェットレンチで取り外し	
9	モーターコイルを専用治具から取り外す	／	両手で持って取り外す	
10	道具の整理	／		

教育実績																				
年 月/日	/	/	/	/	/	/	/	/	/	/	/	/	/	/	/	/	/	/	/	/
氏名																				
チェック	□	□	□	□	□	□	□	□	□	□	□	□	□	□	□	□	□	□	□	□

品質のマルヤス　―お客様に安心して使ってもらえるマルヤスの製品―

表2-3-6　ワンポイントテキスト

と、月・年単位で点検するものとを層別して計画する。

製造は、日々行う「設備日常点検」「潤滑油チェック」、初期管理で行う「増し締め」「ユルミ点検」、定期で行う「製造保全カレンダー」を実施し自らの設備を保守している。

保全は「専門保全カレンダー」に基づき、月・年単位の専門的なメンテナンスを実施する。また、保全検討会により関係部署が集まり、点検を実施していても故障が起きた場合などどこに問題があったかを原因究明し、計画保全項目の見直しや点検期間の見直しを図っている。

自主保全

自分の設備は自分で守る自主保全活動も積極的に取り組んでいる。基礎となる「増し締め」「給油」「清掃」は保全が製造に教育し、それぞれの部署において「自主保全のステップ展開」を実施し、設備故障０をめざしている。

また自主保全は、交換基準、点検基準の見直しを推進する活動でもある。製造は常にワークとワークヘッドを取り扱っており、見るポイントを学んだ上で自主保全を行うことにより、交換基準の最適化などより良い改善を生むようにしている。

良いものを造り続ける活動のまとめ

〝決められたことをきちんと実行する人〟を育てる「人財育成」が基礎となり、ワークヘッド、ヘッドユニット、設備ユニットおよび搬送治具のそれぞれのメンテナンスを実施している。

①まず、決められたことを決められた通りに実施する

②次に、決められた項目、頻度を最適化するためにその見直しを図る
③さらに、最適化された情報（ＭＰ情報）を設計部門へ展開し、次への反映を促す
これらを行うことで、故障０を達成し、良いものを造り続けることにつながると信じて活動を実施している。

もっと良いもの造りへ

以上の活動により構築された技術を、製品ごとにパッケージとしてまとめ、仕組みとともに各拠点へ展開してもの造りを行っている。ワーク・ワークヘッドと良品条件はその活動の中心となるものであるが、簡単に構築できるものは少なく、思ったようにいかないことの方が多い。しかし、ステーションごとに自工程完結の考えのもとで、原理・原則を押さえてワークヘッドと良品条件を追求することで、１つひとつを明らかにしていくことが技術力を向上させることであり、もの造りの革新を行うものと信じて活動を進めている。

一度でき上がったものも、「もっと良いもの造り」があると思って改善を進め、さらなる取り組みの強化を図っている。

第1章

「標準を守る人」を育てる組織の仕組みを探る！

1

基本なくして改善なし
～トヨタ車体　いなべ工場

トヨタ車体が行ってきた現場教育や改善は、第2部のケース・スタディを一読すると「トヨタグループなら当たり前、どこでもやっていること」と思われるかもしれない。

しかし、なぜ当たり前のように、「標準を守り、改善を続ける」という基本的な活動を継続できるのだろうか。その背景をより詳しく知りたいと思い、同社のいなべ工場を訪問した。現場で働く人たちへどう働きかけるか、管理者としてやるべきことは何かを取材すると同時に、現場における「仕掛け」を実際に見せてもらった。

2 標準が守られない現場

頻繁な人の入れ替わりで、標準作業の伝承がなされていなかった

トヨタ車体いなべ工場は、トヨタ自動車のラインアップのうち、ミニバンと商用車の完成車組立を担当する工場として１９９３年に操業を開始している。一般の乗用車と比べて部品点数が多く、また、部品サイズが乗用車の2倍という特徴があり、独自の組付方法が要求される。また、主力商品のアルファードは高級ＲＶとして知られ、顧客の要求品質はレクサス並みと言われている。そのような特徴を持つ工場であるにもかかわらず、ケース・スタディにあるように、２０００年頃はトヨタグループ内で品質を競う「製品品質オールトヨタ」で、最下位という不名誉な状態が続いていた。

創業当初は、管理職の多くが富士松工場から転勤してきたメンバーであった。任期3年の単身赴任が通例で、頻繁に人が入れ替わり、現場に腰を据えて標準作業を伝承する雰囲気はなく、管理者と現場で働く人たちに一体感がなかった。現地で採用されて現場に長くいる部下の方が発言力が強くなって指揮系統が崩れたり、赴任したてのＧＬ（組長）の指示が的を得ていなかったりと、組長・班長を含む現場と管理者の間に不信感が蔓延していた。管理者は決めた標準やルールを現場に伝え、遵守させることができず、その結果、標準を徹底して守ろうという体質の現場ではなかった。

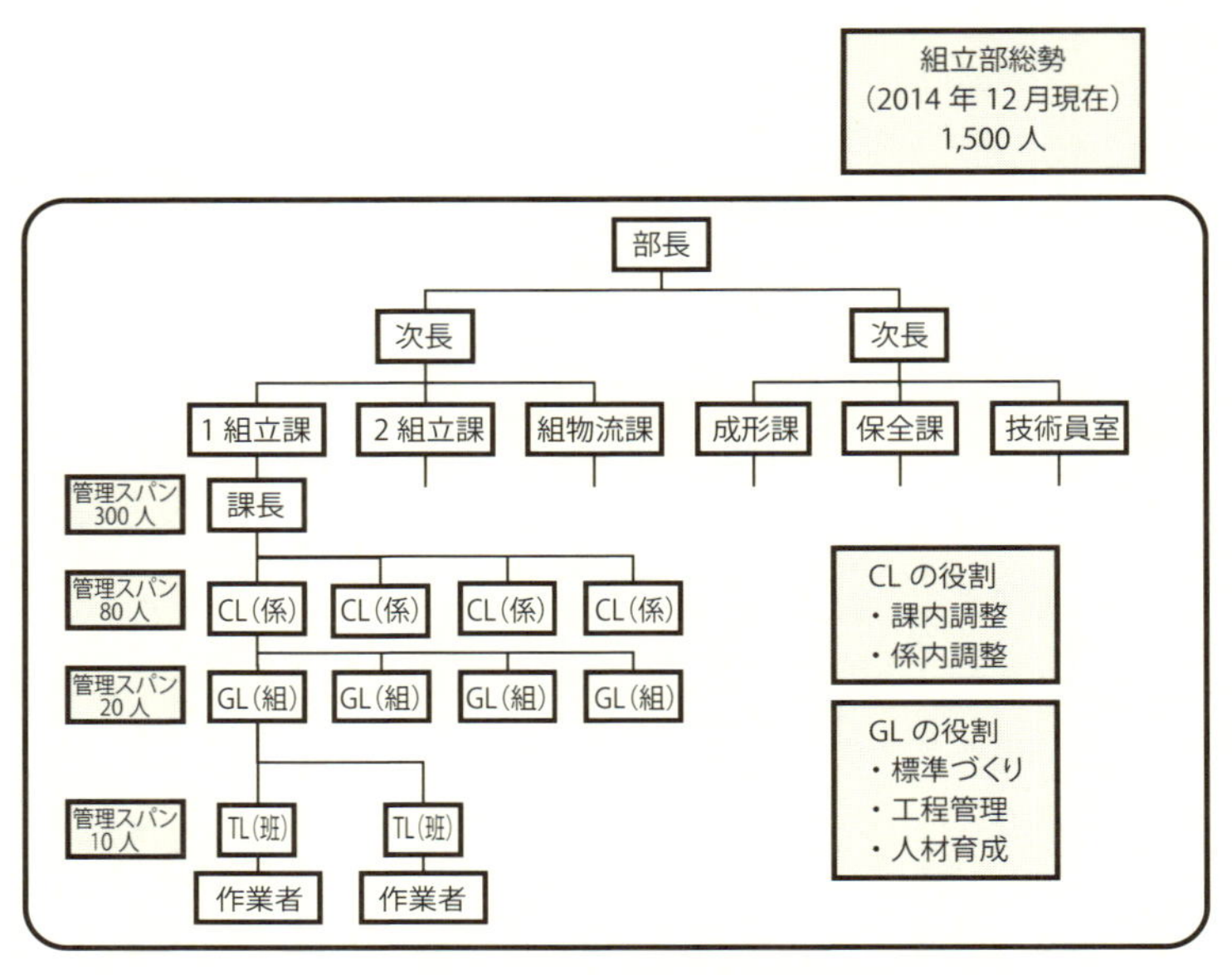

図3-1-1　いなべ工場の組織図

当時は生産技術部に在籍し、現在は組立部の部長を務める小山憲一氏によると、例えば、塗装工程のプラントは、休日のメンテナンス精度によって翌週の製品品質に大きな違いが生じるが、当時は現場の管理監督者が土日に皆帰省し、メンテナンスは外部の業者任せになっていた。そのため、月曜日にメンテナンス不良による品質トラブルが繰り返されていた。この後、従業員がメンテナンス担当の関係会社に出向し、工程や設備に詳しい人と年間計画によって土日メンテナンスをすることで状況を改善していった。

本社からは「いなべはだめだ」との声も漏れ聞こえ、工場内には閉塞感が漂っていたが、「このままではいかん。基本に戻ろう」と、２００４年にある課長が叫んだことで、状況は変わっていった。以下では同社組立部の活動のポイントと同時に、組立部を率いる小山氏の思いを紹介する（**図3-1-1**）。

3 ５ゲン・６Ｓ・コミュニケーションによる標準づくり

まずは「５ゲン活動」と「６Ｓ」を徹底

基本の徹底は、ケース・スタディにもあるように、現地・現物・現実で、原理・原則を学ぶ「５ゲン活動」から始められている。特に原理・原則を学ぶと、与えられた作業を、単に標準で決められた一連の手続きとして覚えるだけでなく、その標準がなぜ、どのように決められたかという意義を理解することができるようになる。トヨタ車体における標準作業は、「標準作業設定表」で規定され、それをもとにケース・スタディでも言及された「作業要領」が作成されている（**図3-1-2**）。この「作業要領」に、１つひとつの作業についてなぜこの作業が必要なのかといった意義まで記述することによって、守りやすく教えやすい標準が確立されている。

また、作業標準に従って作業を行うためには、作業環境が整っていなければならない。それがケース・スタディに書かれている「いい仕事は、いい仕事場から生まれる」という考え方である。同社ではそのために、整理・整頓・清掃・清潔・躾・習慣の「６Ｓ」を現場で実践することを大切にしている。例えば、工具などが所定の場所に置かれていなければ作業標準を守ることはできない。そして、この活動を「全員参加」で行うことが、次につながる重要なキーワードとなっている。

図3-1-2 いなべ工場の作業要領書

全員で改善の面白さを知る

「5ゲン活動」と「6S」の徹底によって、指示されなくても基本(標準)を自ら実践し、指導できる人が育ったら、次に「不良0工程づくり(1工程改善)活動」によって、全員で改善の面白さを知り、業務を楽しむ現場が作られていく。小さな作業でも、標準の遵守と現場観察を全員で行い、「ムリ、ムラ、ムダ」を徹底的に抽出すると、自ずと改善の方向性が見えてくる。改善のやり方は、**図3-1-3**で示されているような流れで進められており、IEにおける分析的アプローチそのものである。全139工程を対象として全員でこの活動に取り組むこと

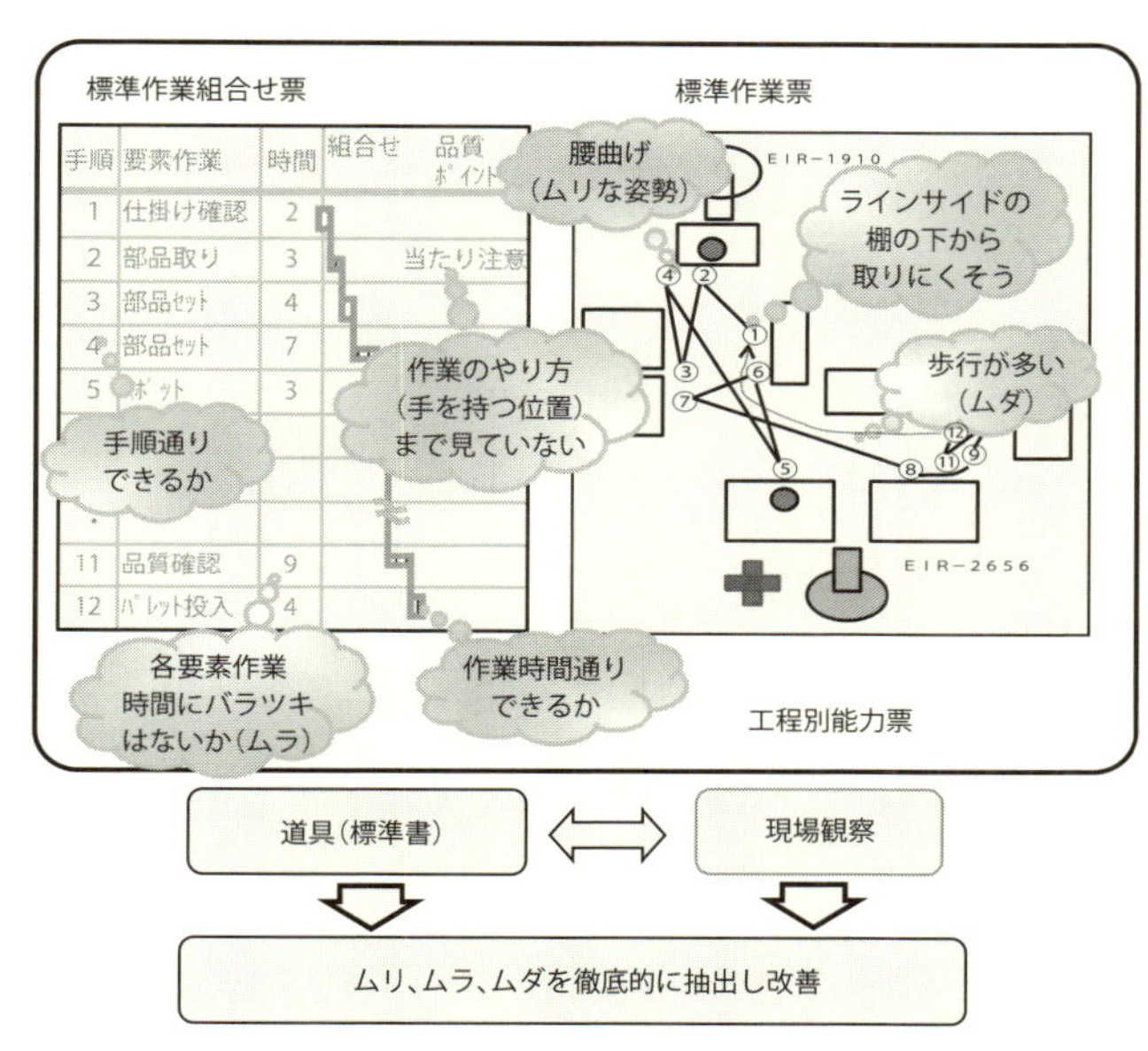

図3-1-3　改善の進め方

によって、それまで失われていた「標準を徹底して守ろうという体質」が作られていった。

現場の人たちが自由に提案できる「ディスカッション道場」

そもそも、現場の「作業」と「改善」は密接に結びついており、実際に作業をしているオペレータは作業工程上のやりにくい点を熟知しているので、彼ら自身が優れた改善策に気づく可能性が高い。ここで重要なのが、スタッフやリーダーが、そうした彼らの「視点」や「思い」をうまく引き出せるかどうかである。オペレータ（作業者）がスタッフに「どこがやりづらいか」を伝えられなければ、せっかく「改善の着眼点」を感じていても、それを顕在化することができなくなる。

トヨタ車体の組立部には技術員室という組

織がある。この組織は、いわゆる製造技術の開発部隊である。技術員たちの課題は、実際の現場からどれだけ重要な情報を見つけ出すことができるかである。どんな最先端の固有技術の知識があっても、現場の問題点と結びつける力がなければ何の効果も発揮できない。

そうした乖離を防ぐためには「接点が大事」と小山氏は言い切る。やる気もあり、真面目で勤勉であっても、コミュニケーションが苦手という若い技術員の場合、現場の人から、困りごとや現場で工夫したノウハウなどを聞き出せないことがあり、「そこが一番の課題」（小山氏）となる。そのために意識的に行っているのが、「ディスカッション道場」や、「対話ミーティング」といった「対話の場づくり」である。

「ディスカッション道場」は、工場内のコーナーに設置されている。そこには、大きな用紙に書かれた「ラインの見取り図」や「からくりアイデアボード」が置かれている。ラインについて困ったことが起きたら「困りごと提案用紙」に内容を書き、「ラインの見取り図」の該当するラインのところに貼っていく。また、「からくりアイデアボード」とは大きな白板で、「こんなものがあったらいいな」といった改善アイデアを何でも自由に書くことができる。

いずれかに提案が貼られたり書かれていると、技術員と提案者が話し合い、困りごとを解決したり、アイデアを実現する道が模索される（**写真3-1-1**）。週に一回、現場の班長クラスとスタッフが相談し、優先順位を決めて、自分で作れる道具は自分たちで作る、専門技能が必要な加工は改善組という副製作部門のスタッフが担当している。小山氏は「改善には〝雰囲気と体質を作ること〟が必要です」と言い、現場における仕掛けの大切さを語る。

こうした「改善提案しやすい現場」づくりの結果、「現場の改善機」と言われる、現場の人の改善によって作られた設備も誕生している。例えば、従来は手で巻いていた6mほどのワイヤーを、自動で巻き取ることができるゼンマイ仕掛けの改善機や、狭い車内へ長くて重い部品を入れやすくするからくり設備などである（**写真3-1-2**）。これらの設備は、生産技術のスタッフが作るような大型の設備ではないが、現場にいる作業者自身が考えた成果であり、「問題を見つけて解決できる人」が

写真3-1-1　からくりアイデアボードの活用

からくりを駆使して6mのワイヤーを巻き取る

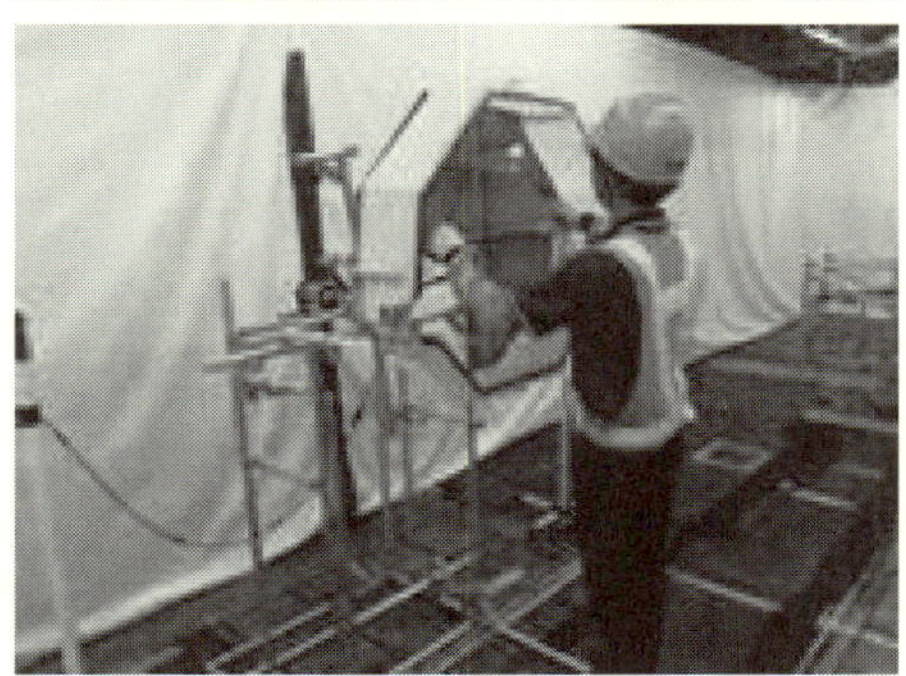

ワイヤー巻き取り時のボデー当たり気遣い排除

写真3-1-2　ワイヤー巻き取りのからくり設備

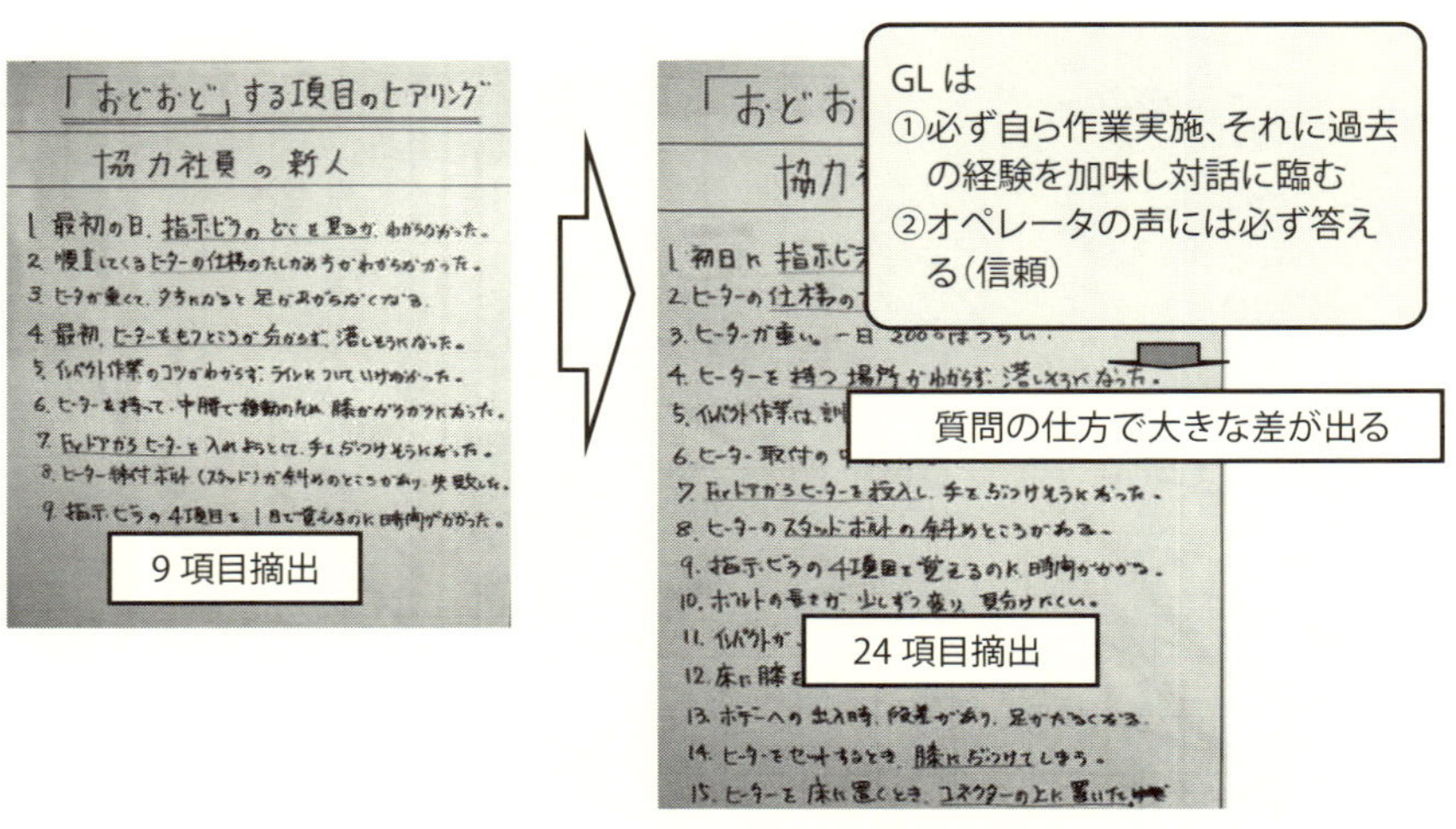

図3-1-4　対話ミーティングのレポート

育っていることの証と言える。工場を見学すると、あちこちで「現場の改善機」が活躍している。自分たちが工夫して作った設備が活躍している姿を身近で見ることによって、「もっとできるのでは？」という意欲が湧いてくる。それがなければ、どんなに標準を守るための帳票を作り、研修を重ねても、「変化を先取りして改善を続ける」現場にはなっていかないということを感じさせてくれる。

短期間のオペレータともコミュニケーション

一方、1人ひとりのオペレータとGL（組長）は、「対話ミーティング」でやり取りを深めている。そこから聞き出された内容は、**図3-1-4**のようにレポートにして残されている。

「組長や工長は、生産の最前線にいる様々な立場のオペレータからいろいろなことを聞いて、対話の中で仕事のやりにくさを見つけ、それを解消していくことが必要です」と小山氏は強調する。潜在化している問題点を顕在化し、自分の立場では見えなかったり気づかなかった視点や感性を認識することが重要で、それがさらなる改善へとつながっていく。

そこに必要なのは、聞き出す側の人が聞くべき視点を持っていることである。聞く側が、実際の現場で作業をしてみなければ、深く聞き込んで有用な声を引き出すレベルには至らない。さらに、管理者がどう接すれば、現場の人が漏れなく語ってくれるのか、聞き方にも工夫が必要である。トヨタ車体では、「必ず自ら作業を実施し、それに過去の経験を加味して対話に臨む」、「オペレータの声には必ず応えて信頼関係を築く」ということがすべてのＧＬ（組長）に徹底されている。

ただ、オペレータの入れ替えがあまりにも頻繁だと、こうした信頼関係を築くことが難しくなる。小山氏も「１人ひとりに本当に子どものように愛情を注ぐというのは、なかなか簡単なことではない」と言うが、ＧＬ（組長）や工長には、３カ月しか在籍しない短期オペレータにも必ずヒアリングしてレポートを作成してもらうよう要請している。そこまで徹底する意義について、小山氏はこう語っている。

「例えば重要な不具合が出ると、なぜそのような不具合が出たかを必ずレポートしてもらいます。レポート作成の際は、その作業者が、その車の、その作業をするときに、どういう心理で、どういう体調で作業したかを細かく聞きます。そうしないと、ヒューマンエラーの本当の原因はわからないからです。最近はトレーサビリティの視点で作業工程にカメラがつくようになりました。確かにカメラは正確な要因解析のために必要でしょうが、問題発見の基本はヒアリングだと思っています」

4 活動プロセスを支えてきた想い

気づきのものさしを与えれば人は気づく

小山氏は「部品を取り付けていく工場で、それぞれの部品の流れを見ていくと、組立工程にはまだムダがたくさんあります。これからは、その物流を大きく変えたいのです。実は全員で物流改善することを、今年の部の方針にしています。モノづくりには、直せるところや直す余地のあるところはいくらでもありますから」と、さらなる改善をめざしている。

では、そうした「まだまだムダがある」というような改善の視点を持つためには、どのような見方をしたらよいのだろうか。またそのような人材を育てるにはどうすればよいのだろうか。

「あるべき姿をいつも頭の中に描いておくこと」と小山氏の答えは明快である。「例えば、モノを運ぶということに関しては、距離が一番近く、触る回数が少なく、中間材が一番少なければ一番いい。だから０・０・０が理想です。それは実現できないとしても、究極の姿をいつも頭に描くことが大切だと思います」と説明する。

ただ、実際に現場で仕事をしている人たちは、「そんなのは無理」という考え方になりがちである。小山氏は「その仕事に従事しているがために固定概念があり、改善の手を入れられるところでも、無理だと思ってしまうことがよくあります。だから、外部からの指摘はすごく大事です。私も、『部長の見るところって違いますね』とよく言われます。自分では普通に見ているだけなのですが、私は塗装しか知らなかったものですから、ずっと組立をしている人からすると、変わったところを見ているように思えるそうです」と言う。

そして、自身の体験をこう語っている。

「先に言ったように、私は8年間、鉄板と鉄板との間にシーリング剤を塗ることに従事していましたが、あるとき上司から、『小山、最低何gでシーリングできるんだ』と聞かれました。それまでは、板合わせの見切りに対してカバーするため幅2㎜は必要とされていて、上のもう1枚も2㎜必要で、板厚が0・5㎜だとすると、コンマ5の上にコンマ5を乗せると、1㎜。だから『2㎜＋2㎜で幅4㎜と厚さ1㎜…は最低でもいるでしょう』と言ったら、『そうじゃなくて！　なんで2㎜かを聞いとるんだ。なんで1㎜か、なんでコンマ5かを聞いているんだ』と言われました。つまり究極の姿、ありたい姿をどう表すかということが大切だと思うのです。いまだに答えはわかりませんが」

その後、小山氏は「薄く」を極めるならスプレーでもできるのでは、と着想してチャレンジし、従来の1／5程度の材料で済むような「スプレーシーラー」という技術を開発しパテントを取得した。そのためのアイデアは、このとき言われた究極という考え方がヒントになっている。

しかし、それで終わりではなかった。今度は上司から、「板合わせが0であれば、材料はもっと減らせる。前工程である板金工程に行って板合わせを0にする努力をしたのか？　板が開いているのが当たり前だと思って、そこにシーリング剤を塗ってないか？」と問われた。そして、それが解決できないのは「組織の壁だ」とも指摘された。

「板合わせを0にする。それこそコミュニケーションであり、組織の壁をなくすことだと気づきました。この体験を踏まえて言うと、改善点に気づけるような人を育てるために、上司が行うべき本当に大事なことは、〝ものさし〟を与えることではないでしょうか。管理する人や目標を与える人が、どれだけしっかりしたものさしを持っているか。それがとても大切なのです。適切なものさしを与えていれば、いろいろな人がいろいろなことに気づくと思います」

どんな従業員にも「一期一会」で接する

現在、組立部では正社員は約7割、派遣など非正規社員が3割で、期間契約の場合には3カ月で辞める人もいる。小山氏は、「そうした人たちの中にも、車が好きで、この会社で車を作らせてもらって大変うれしい、楽しいという人がいて、彼らには向上心もあります。ですから、いろいろな改善や工夫をしてもらうのです。人間の働くもともとの推進力というのは、『自分の成長を実感すること』だと私は思っています。ですから、現在組立部には約１５００人の人たちがいますが、日々成長を実感できる組織にしたいと考えています。正社員でも派遣社員でも、日々成長していくことが大事です。たとえこの会社を辞めたとしても、ここでの成長はその人のために絶対プラスになっていくと思うし、相手にもそのように思ってもらい、頑張ってもらいたいのです」と話す。

しかし、一生懸命人材を育てても3カ月で辞めてしまうとなれば、費用としてはむしろマイナスになってしまうのではないだろうか。

「けれども、結局は人と人でしょう。ですから、そういう発想はしないようにしています。日本には一期一会というすばらしい言葉があります。例え、そのときしか接しない人でも、とにかく誠意を持って接する。それが基本だと思います。ひどい場合には、10分休憩で『トイレに行きます』と出かけたきり、二度と職場に戻ってこない人もいます。それでも、同じ〝人〟だと思うのです。私たちはこういうきれいごとを言える立場ですが、現場でそういう人たちを実際に指導している組長さんや班長さんは大変だと思います。心の中ではいろいろな思いがあるでしょう。ただ、そういう人たちが成長する上で阻害要因になっていることを取り除くのが、私たち管理職の仕事だと思います。そうしてすべての部員が気持ち良く仕事をできるような職場を作ることに努めています」

小山氏は、「いなべ工場は、人を作る工場です。あわせて、完成車両も作っています」という、組立部のキャッチコピーがとても気に入っているという。

5 同社の活動から見えてくる人材育成のポイント

相手との関係性を大切にする

トヨタ車体のケースは、改善や変革を進めていくためには、まず現場を知ることが大切であることを示している。現地・現物・現実で職場の弱点（問題）を「見切る力・解決する力・指導する力」を身につけ、実践できる現場のリーダーが育つことによって、改善は進化し、やがては変革へと結びついていく。リーダー自らが、標準を守ることの意義を理解し、「気持ち良く、責任を持って、全員で」６Ｓに取り組むことによって、オペレータも自ら標準を守り、そうした基本を皆が守れるような現場の体質ができ上がっている。その結果、「顧客が要求するＱＣＤを守り、変化を先取りして改善を続ける真の現場力」を現場が備えていくことになる。

ここで注目したいのは、この活動のプロセスにおいて、相手に「やらせる」という姿勢をとったり、一方的に「標準を守ろう」と働きかけたりするのではなく、相手の考えを聞きながら、きちんと対話を重ねていることである。

「標準化」「５ゲン活動」「６Ｓ」というキーワードが並ぶと、システマティックで合理性を追求した活動がイメージされるが、実際に工場を訪問してみると、小山氏の「一期一会」という言葉に表されているように、「人との関係性」を大切にしている様子がわかる。「人と人とが接している」ということを十分に理解して、相手がＧＬでも、現場のオペレータでも、短期雇用者でも、直接現場で対話するコミュニケーションを大事にしているのである。

標準を守れないときも、自分たちが接している相手は「人」であることを忘れず、守れていないという現象面を捉えるだけではなく、その「人」の体調に配慮し、「そのとき、何を考えて作業していたか」を聞き出し、その思いを尊重し、作業者と一緒になって考えることが、「見切る力・解決する力・指導する力」を育てる基本になっているのではないだろうか。

全員で取り組む雰囲気づくりをする

ケース・スタディでも述べられているように、いなべ工場組立部は「問題点を見える化し、あるべき姿を描き、それに挑戦し続ける」ことをめざし、そのために「到達点へのシナリオを全員が共有」し、そのシナリオ中の目標を１つひとつクリアしていくことで達成感を味わいながら挑戦を続けている。

「やらされる」「守らせる」といった取り組みでは、活動は長続きしない。人が本来持っている何かを達成したいという成長意欲、それを引き出し、目に見える形にすることによって強い現場が育っていく。例えばトヨタ車体では、「標準を守り、改善を続けることは楽しい」とわかってもらうために、「工程別不良０達成状況」を星取表にしたり、「不良０工程」を公式に認定して、達成感や充実感を味わってもらうように工夫している。また工場内に「ディスカッション道場」を設けて、「からくりアイデアボード」に自由にアイデアを書き込むことができるようにするなど、現場の人たちが全員で楽しんで改善を行える工夫を凝らしている。

改善活動を長く続けるためには、このように「人の気持ち」に配慮した仕組みづくりと、全員で取り組む雰囲気づくりが大事である。「作業標準を作り、不具合が起こったら改善提案書を作成する」といった活動の中で、現場で直接コミュニケーションをとり、一緒に考え、成果を共有する——このことが、どんな立場の人であれ、人を育てるということの基本であることは間違いなさそうである。

ここに着目！

その1　改善を　進める前にまず　5ゲンと6S

その2　やらせる意識を払拭し　直接対話で　意欲を引き出す

第3部　人づくりはこうして進めよ

第2章

中核人材が育つ「夢多採り活動」を探る！

1 一人ひとりにスポットを当て、モチベーションを上げる　～キユーピー　中河原工場

キユーピーのケース・スタディでは、「現場の改善活動を支える中核人材の育成と現場での取り組み」として、現場を引っ張る中核人材の育成について書かれている。そうした人材を育成するベースとなっているのが「夢多採り活動」である。この活動がどうやって立ち上げられたのか、どのように組織をまとめて活動を広めてきたのかなど、ケース・スタディに書かれていないプロセスや現場の人の声を聞き、さらに、モチベーションを上げて活動に取り組む秘訣を探った。

ケース・スタディでは同社の五霞工場の活動が紹介されているが、「夢多採り活動」が実際に始まったのは仙川工場である。しかし、仙川工場での生産が終了し、活動開始当時のメンバーが中河原工場に在籍していることから、同工場を訪問し、この活動が始まった経緯から聞くことにした。

2 品質トラブルから夢多゛採りへ

きっかけは品質トラブルによる危機感

２００３年5月に、品質事故が疑われるトラブルが起きたのが、「夢多゛採り活動」が始まった大きなきっかけであった。当時、トラブルが発生した仙川工場に在籍し、現在、中河原工場の工場長を務める中野徹氏はこう振り返っている。

「商品回収の社告を出すほどのトラブルを初めて経験し、大変なことが起きてしまったと思いました。会社が倒れるかというほどのことで、このままのやり方だと、また同じことが起きてしまう。だから現状を変えなくてはならないというトップの強い思いがありました。この改善活動は、実は大きな危機感から始まったのです」

日々、一生懸命になって製造しているのに、なぜトラブルが起きてしまったのだろうか。当時の仙川工場長は、生産量が増えて行く中で「モノを作る」ことだけに特化してしまっていたのが大きな要因ではないか、と気づいた。「決められた物量を決められた時間の中で作ること」が優先され、品質の向上や人材育成は表面だけの言葉となってしまっていたのである。

そのような環境を変えるため、「どういうことをすればよいと思うか」と、工場の１人ひとりに聞

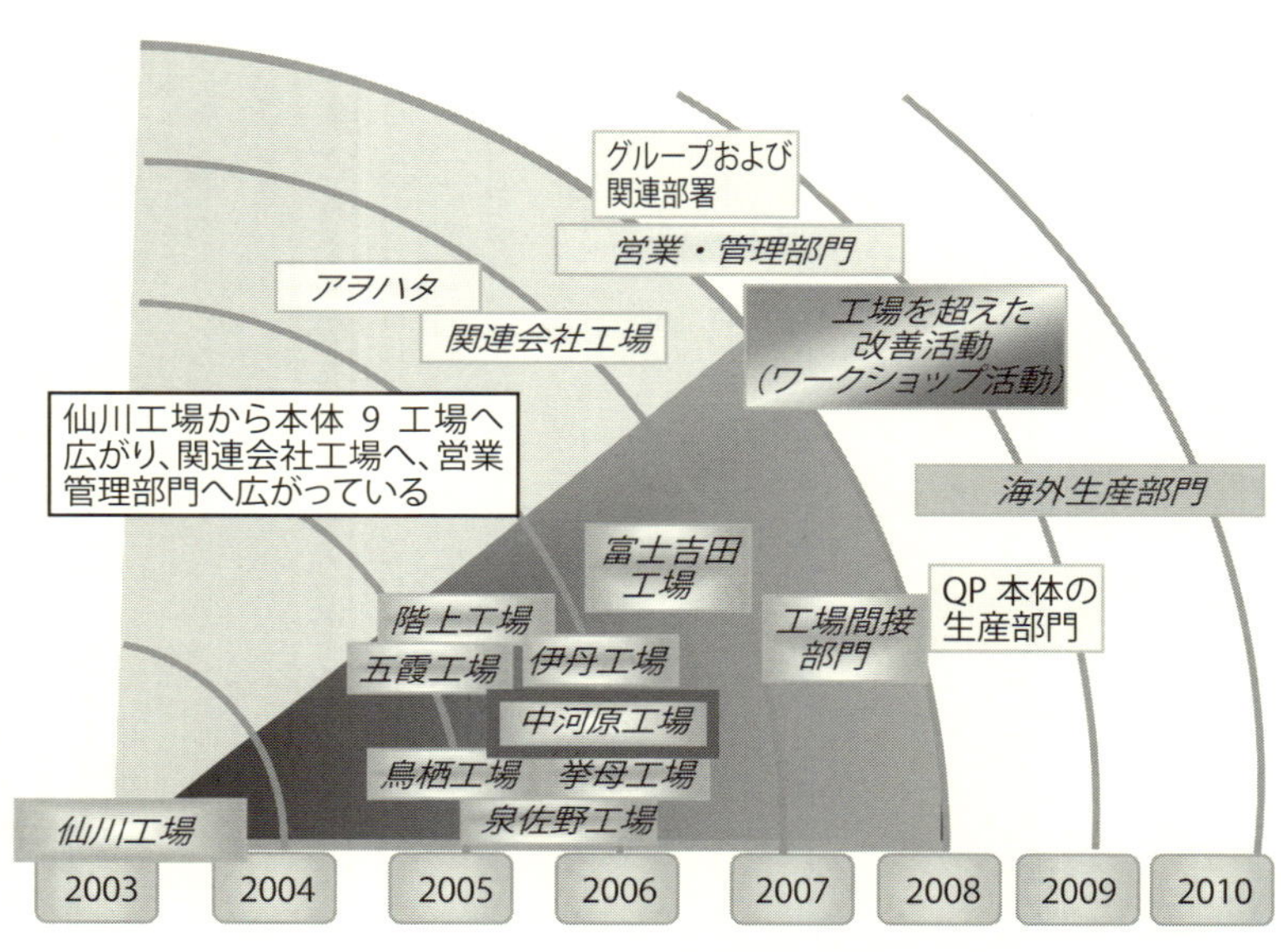

図3-2-1　キユーピーでの改善活動の広がり

くなど、様々な活動を通じて対応策を考えた。そして始まったのが、「完全でなくてもよい。60点でいいから、気づいたことをやってみよう」という改善活動であった。その活動は「夢多採り活動」と名づけられ、当初は仙川工場だけで行われていたが、２００５年から全国の生産系の8工場に展開されることになった（**図3-2-1**）。

「ラクになるための活動」と地道に説明

しかしこの改善活動は、スムーズに広がったわけではない。当初はスタッフが活動の中心だったため、現場の人たちは「自分たちの方が現場をわかっている」「すでに提案制度があるのに」と、新たな活動には消極的だった。

当時、仙川工場の現場にいた奥田裕子氏（現在は中河原工場の夢多採り推進チーム）も、初めは抵抗感があったと打ち明けている。しかし、スタッフの意見を聞いたり、実際の改善を見ているうちに、「こういうやり方もあるんだな」と思うようになり、当時毎月行われていた、改善活動を進めるための「改善実践会」に出席してみることにした。これは「夢多採り担当スタッフ」と、各職場に作られた「夢多採り担当者」が出席する会議で、そのほかに興味のある人は自由に参加できるという開かれた会議だった。奥田氏は、この会議に参加してみて次第に活動の意義を理解するようになり、やがて工場内に広めるために現場の従業員たちに説明する側となっていった。

しかし、最初に奥田氏が抵抗を感じたように、現場はすんなり活動の必要性を受け入れてくれるわけではなかった。スタッフはスタッフで、「自分たちは会社を良くしようと思ってやっているのに、現場の人たちはわかってくれない」と悩んでいた。互いの意思疎通がなかなかうまくいかなかったのである。しかし、奥田氏が次第に活動に理解を示すようになったのと同様に、少しずつ理解してくれる人が増えていった。そのように変わっていった背景には、特別な秘策があるわけではなく、「スタッフをはじめとした夢多採り理解者が地道に説明していったから」（奥田氏）である。

「夢多採りは人を切るための活動ではないし、みんなを苦しめるためのものでもない。やりにくいところをみんなで改善しようとしているんだよ、ということを、本当に時間をかけて、1人ひとりに説明しつつ、勉強会を実施し、理解者を少しずつ増やしていきました」と奥田氏は振り返る。勉強会では、IEの基本的なことについて、大まかなイメージができる程度に学習し、その後、実際に現場に出て、イメージに相当する作業を見ていく、ということを繰り返していった。

一方、2005年に全国展開するに際し、全国各地の課長たちが仙川工場に見学に来たが、見学した課長たちが自部署に戻って言ったことは、「あんなことをするよりも、やはり製品を作らなければいけない」という内容であった。課長側もすでにQC活動をやっていたため、新たな活動の必要性を感じられず、なかなか全国展開が進まなかったのである。ただし、そのQC活動もマンネリ化しつつあり、発表会の前だけ徹夜して資料を作ることが繰り返されるなど、現場にはやらされ感が蔓延していた。管理職にとっても現場にとっても楽しい活動とは言えず、改善活動イコール〝やらされるもの〟という刷り込みが残っていた。しかし、粘り強い説得や配置換えなどによって、少しずつ「やれる体制」づくりを進めていった。以下ではその「少しずつ作り上げてきた体制」に焦点を当て、具体的にどのように進めていったのかを詳しく説明する。

3 小さな活動を重ねて夢を実現

1歩、1秒、1枚…まずは小さなムダの改善から

現場の人たちに活動の内容を伝えるに当たり、まず、奥田氏たち改善を推進する夢多採り推進チームメンバーが、外部コンサルタントの指導を受けながら勉強した。そこでの学びは、メンバーに大きな気づきを与えた。例えば、ムダに対する考え方である。

「当時私たちは、ムダを発見するというのは〝工程全部のムダ〟というような、大きくて難しい問題に取り組むことだと考えていました。ですから、自分たちにはどうせできないし、わからないし……という思いが強かったのです。けれども、コンサルタントに入っていただき、ムダとはそういう大きなことばかりではないことを学びました。1歩とか1秒とか1枚とか、小さな身近なムダを少しずつ改善していくことで、大きな結果になっていくことを理解し、それを現場の人たちに伝えました。そうしていけば、自分たちの作業がラクになるんだよ、そのための活動なんだよ、と説明し続けました」（奥田氏）。

作業が楽になればミスが減り、結果的に品質や生産性が高まる。例えば、ラインから不良がたくさん排出されるとその処置に追われてしまい、実際に流れている製品を見ずに不良ばかりを見てしま

う。すると、知らないうちにまた不良品を生産してしまう可能性もある。加えて、不良を処理することばかりに追われていると、心も疲弊してくる。そんな悪循環を断ち切るためには、「不良を排出する」こと自体がムダなのだから、まずそれを改善して、お客さまに届く製品の方へオペレータの目を向けることが必要になる。そうすることが品質向上にもつながるし、自分たちも不良の処理に追われずに済む。つまり、「自分の仕事が楽になること」イコール「お客さまに間違いのない製品を届けられること」なのである、と説明した。

自分の仕事を楽にするための工夫や改善のアイデアであれば、現場の従業員も主体的に考える気持ちになる。その結果、次第に活動に取り組む人たちが増えていった。

現場の声をくみとり、目に見える形にしていく

「自分の身近な、小さなことから変えていこう」という働きかけは、地域職と言われる主に現場で働く人たちの意欲にも大きく影響を与えた。これまでは「総合職が言ったことをやっていればよい」という雰囲気で、現場の人たちからはあまり発言がなかった。しかし、夢多採り活動が始まったことで、現場で困っていることや、こういうふうになりたいということを聞いてくれる場ができた。例えば、「5歩歩くのが大変なんです」といった本当に身近なことを言ってもいいんだ、という環境ができ上がってきたのである。

そうした活動を続けていくうちに、「自分たちが言ったことで会社が変わる」ということを、従業員自身が実感するようになってきた。これには、当時の工場長の「風景を変えろ」というメッセージ

も影響している。現場の従業員から上がってきた声を1週間以内に実行するなど、目に見える形で職場が変わっていった。改善実践会でポストイットに書かれた小さなことが、次々と現実になっていったのである。

工場の目標も、従来はトップダウンで管理職だけが考えていたが、従業員が皆で決めるようになった。それにより、「工場の目標はこうだから、自分はこうしよう」と、各自の目標が工場の目標に紐づけられ、1人ひとりが前向きな気持ちで取り組むようになった。

実際、工場の廊下に張り出されている個人目標には「ラインサイドの部品置き場（冷蔵庫）の整頓」「遅刻をしない」といった身近な内容も並んでいる。大きな目標を掲げる必要はなく、日常業務の中で取り組みやすい小さな目標を立て、それを達成していけば工場の目標達成につながることが、1人ひとりに理解されるようになっていったのである。

トップが強い思いを抱き、活動を諦めない

夢多゛採り活動の大きな目的は「品質向上」だったが、実は最初の2003年から2006年には、品質はあまり変化しなかった。一般的には数年やって成果が得られなければ、その活動をあきらめ終了してしまうことが多いが、仙川工場では、工場長が交代しても活動は途絶えなかった。

中野氏は「私が仙川工場にいた間にも工場長が3人交代していますが、3人ともが『夢多゛採りは必要なことだから絶対やる』と言っていました」と証言する。そうしたトップの強い思いが、活動が続いた1つの要因であることは間違いない。

最初の3年間は品質に変化はなかったが、夢多採り活動を理解できる人が増えていくに従って、品質も上がっていき、従業員も「夢多採りっていいね」と、少しずつ思い始めるようになっていった。「そうして全体のモチベーションも上がっていったのではないかと思います。改善件数が棒グラフで掲示され、一方では、お客さまからいただくクレームや工場内のトラブルが確実に減っていることも目に見えるようになりました。それで、従業員たちも、これは必要だから絶対にやり続けよう、という意識になっていったのでしょう」（中野氏）。

各職場の「夢多採りリーダー」を毎年入れ替える

キユーピーの夢多採り活動は、ＩＥ専門の部署を設け、担当者が分析して作業標準を変えていくというステップを踏んでいるものではない。現場の人たちが中心になって改善提案したものを、他の職場や他工場に広げているのである。では実際に、どのような組織体制で取り組み、どのような教育体系が準備されているのだろうか。

組織体制としては、各職場の「夢多採りリーダー」、各工場の「夢多採り推進チーム」、および本社の「業務改革グループ」が中心となって活動を支えている（**図3-2-2**）。

「夢多採りリーダー」は各職場から1〜2人選出される。リーダーには、月に1回リーダーコースという研修の場が用意されている。リーダーはすでにデータ分析の手法を学んでおり、この研修ではそこで学んだ手法を使い、実際の職場の課題を解決するチームとなって改善案を作るのだが、その際に職場の状況を教えたりアドバイスしたりするのが、「夢多採り推進チーム」である。

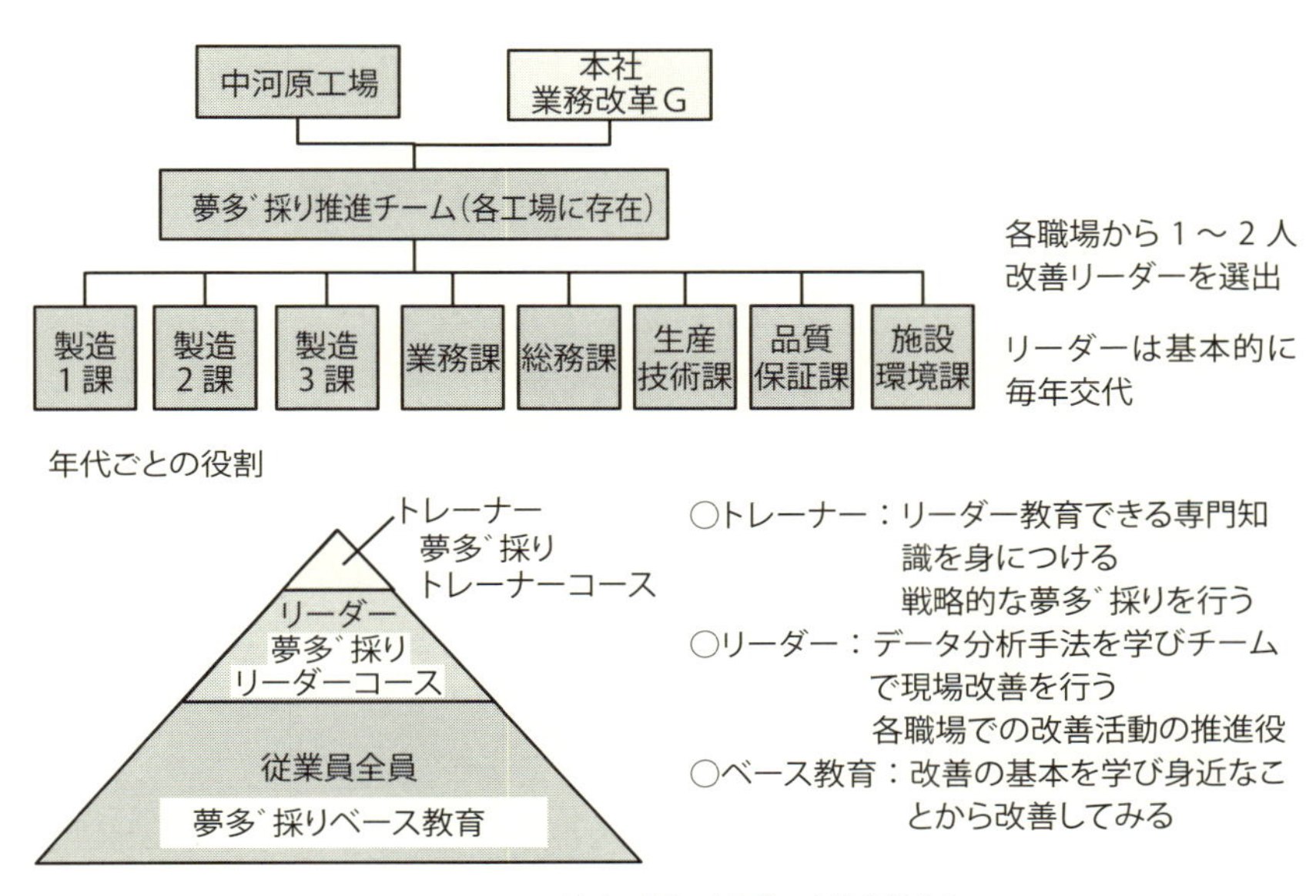

図3-2-2　夢多゛採り活動の推進体制

「夢多゛採り推進チーム」は工場ごとに置かれている専任の組織で、例えば中河原工場の場合は奥田氏を含め3人が所属している。全国8工場のチームは、四半期に1回集まって、現在各工場が抱えている課題などを話し合っている。さらに、そのチームをまとめる事務局的な役割を担うのが、本社の業務改革グループである。

その中で特徴的なのは、夢多゛採りリーダーのメンバーが毎年交代することである。リーダーになった人はゼロからのスタートとなるため、さらに勉強するようになると同時に責任感も増す。加えて自分が経験することで、次のリーダーに協力しようという気持ちになるし、次のリーダーに交代した後に現場に戻って長をやることもある。こうしてリーダー経験者が増えることで理解者や仲間が増え、改善活動の輪が広がっていく。組織の新陳代謝がうまく進んでいるのである（**図**

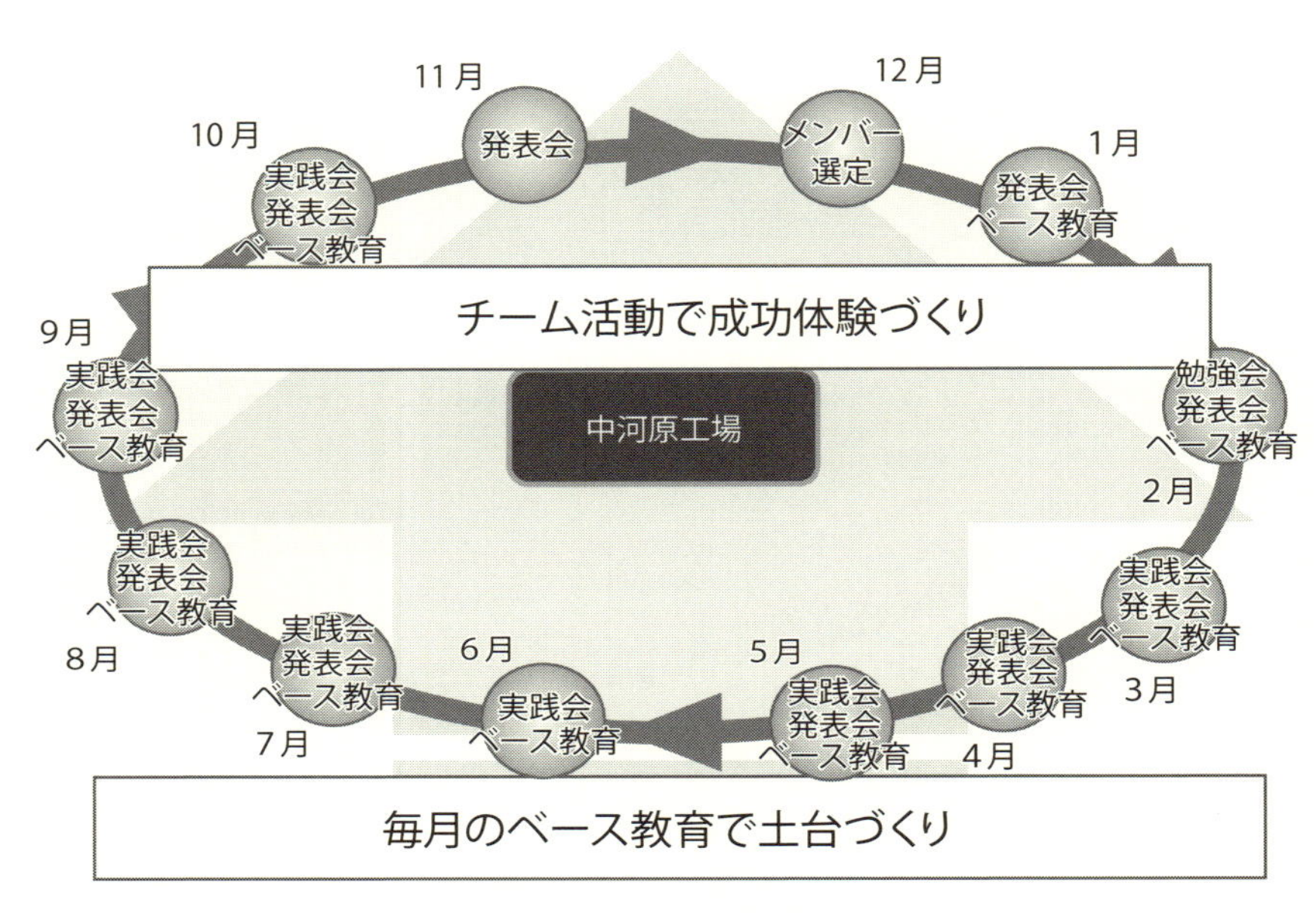

図3-2-3　夢多゛採り活動の年間スケジュール

3-2-3）。

「夢多採りベース教育」「リーダー」「トレーナー」の3層で教育

夢多゛採り活動に関わるメンバーへの教育体系は、「夢多゛採りベース教育」「リーダー」「トレーナー」の3層に分かれている（図3-2-2）。「夢多゛採りベース教育」の対象は従業員全員で、新入社員は新入社員研修で学び、パート・アルバイトは入社6カ月目に学ぶ。ここでは夢多゛採りの基本や整理整頓、ＩＥの手法である〝モダプツ〟などを取り入れながら、ムダとはこういうものだという基本的なことを学ぶ。

「リーダー」はリーダーコースで、例えば実際のデータの取り方やワークサンプリング、連続観測法など、夢多゛採りベース教育で学んだ以上に詳しくＩＥの手法を学ぶ。リーダーがそこでの座学による学びを現場で活かすことをねらいとしている。

「トレーナー」は、それらのリーダーに教えることができる人で、新しいデータの取り方などを、日本ＩＥ協会など外部のセミナーに出向いて勉強する。ほかに夢多採りの基本や整理整頓、動作ロス分析、連続観測法、瞬間観測法、ＱＣ、連合作業分析、リードタイムといった手法を学ぶ。そして、そのトレーナーを教えているのが、本社の業務改革グループということになる。

すなわち、全工場においてこのような従業員全員、リーダー、トレーナーを対象とした教育体系が整備されているのである。

ゲームを取り入れながらＩＥ教育

教育のスタイルとしては、座学のほか、ゲームやクイズ、映像も取り入れている。ゲームやクイズによる教育とは、いったいどのようなものなのだろうか。一例を見てみよう。

研修の最初に行うのが、ペットボトルを使ったクイズである。複数のペットボトルの中に、ビー玉や水などそれぞれ違った材質のものを入れておき、どのペットボトルが早く坂道を転がるかを考えさせる。一見すると、重いものが詰まったペットボトルの方が早く転がりそうだが、必ずしも見た目通りの結果にはならない。つまり、このゲームには、「モノの見え方と実際は違う。だからきちんとモノの見方を勉強しよう」ということを啓発するねらいがある。先入観にとらわれずに、見方を柔軟にするための導入的なクイズと言える（**図3-2-4**）。

「あまり難しいことは言わないで、できるだけわかりやすく、発想のひらめきやヒントを与えるこ

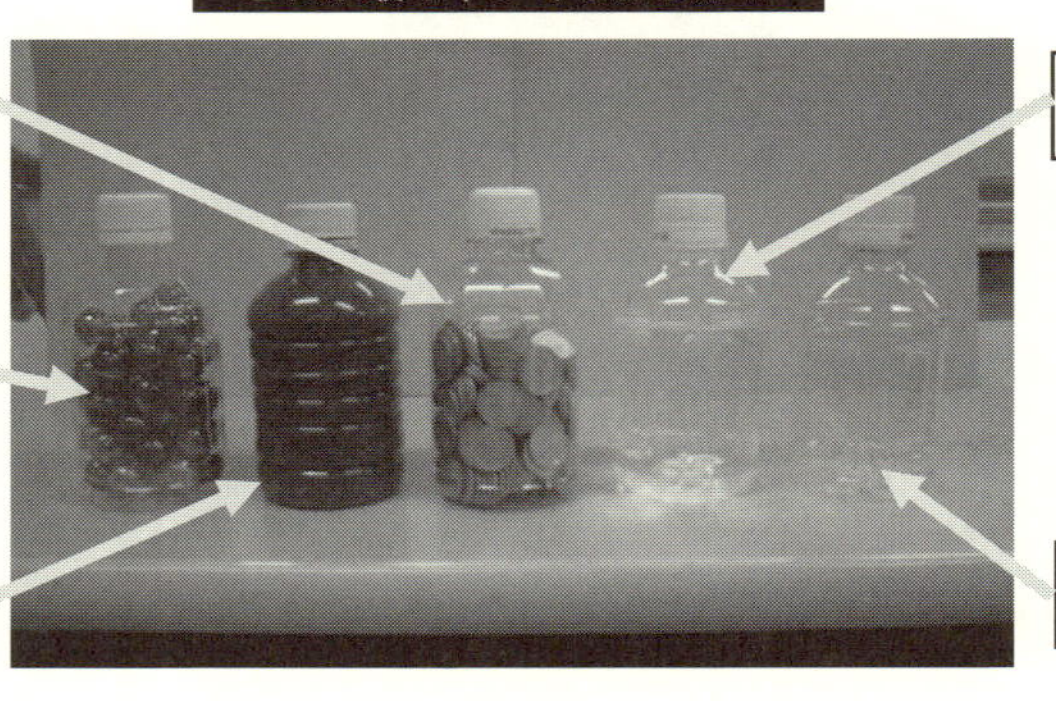

図3-2-4　ペットボトルを使ったクイズ

とがクイズのねらいです。科学的にこうだから、物理的にはこうで、と説明してもなかなか伝わりません。それよりも、『今までこうだったから、これでいい』と決めつけるのではなく、『今まではこれで良かったけれど、もっと違うやり方はないのか、楽になるやり方はないだろうか』というように発想を変えて、いろいろなアイデアを出すことが大切なのです。クイズがそのようなひらめきにつながれば、と思っています」と中野氏は目的を話す。

そうすれば、現場に戻ってから、自分の仕事の中で「これはムダじゃないか？」と気づいて問題発見したり、「これはこうやってみたら？」という発想や提案につながっていく。

もちろん、具体的なＩＥの知識や技術以外に、マネジメントも教育体系の中に入っている。ファシリテーションやコーチングについては、適時、人事部主導で教育を実施している。

現場では「ムダの事例」を挙げて学び合う

ＩＥを理解して実行できる人が育つためには、こうした座学などの教育に加え、ＯＪＴなど現場の中できちんと実践的に教えることも必要である。キユーピーの場合、現場でも、以下のようにさまざまな夢多採り教育を行っている。

例えば、２週間に１回、朝の10〜15分を「夢多採りの時間」に当て、活動成果や改善事例を全員に伝えている。中河原工場の製造課の場合、いろいろな改善提案が挙がってきて、それを実行して良い結果が出た事例について朝礼で紹介している。製造課長の飯島雅氏はこう説明する。

「ほかにも、ムダの事例を挙げて、これにはどのムダが含まれているかという勉強会をしています。すると、その事例を聞いて、こういうことを挙げていいんだとか、自分の担当の作業とここが似ているなと気づきます。それに気づくと、その気づいた人から新たな提案や改善が出てきます。そうしたことの繰り返しが大切なのです」

中野氏も「事例を聞けばどんどん学んでいくことができます。座学やゲーム、クイズ、そして現場の中で、互いの事例を話すことで気づきを得ると、改善案を出すようになる。その繰り返しの過程でだんだん人が育ってきたと言えるでしょう」と、正のスパイラルがうまく回り、それが人づくりにつながっている様子を語っている。

全従業員が「改善シート」に記入し、グランプリを選ぶ

キユーピーでは、こうした正のスパイラルが各職場で回っているだけではなく、全社の仕組みとして活動がスパイラルアップし、改善案がどんどん生まれている。その仕組みの中で鍵となるのが、誰もが記入できる「改善シート」である。

パートを含む全従業員は、実施した改善内容を「改善シート」に記入する。それは、共有ドライブに保存され、夢多採りリーダーが印刷して、廊下など全員が見る場所に貼り出される。そしてその中から、職場ごとに最も優れた改善案が選ばれる。各職場で選ばれた提案の中から、さらに、各工場の中で今月はどの提案が一番良かったかという「今月の優秀提案賞（グランプリ）」を全員の投票で選んでいる。中河原工場の場合、２交代制なので、全員が集まりやすい昼休みの14時くらいから、全体昼礼を毎月１回実施しており、そこでグランプリに選ばれた人が表彰されると同時に、改善内容を発表する。この発表の場には誰でも参加できるので、工場内の他の職場の改善案を聞くことができ、それが自分たちの職場の新たな気づきにつながっていく。

さらにグランプリに選ばれた改善事例は、中河原工場の代表として生産本部に提出される。キユーピーグループの８工場から「グランプリ」が挙がってくることになり、各工場長が自分の工場も含む８工場分についてコメントを書き、ピカイチだと思う改善事例を選ぶ。そこで選ばれた改善事例は、優秀改善賞として本社から表彰される。この表彰は四半期ごとに行われている。

また、かつて行われていたＱＣ活動の全国大会の代わりに、今は夢多採り活動の全国発表会を毎年10月に実施している。中野氏は「これまでのＱＣ活動では、これを改善したからこれだけ利益が出たという金額の発表になっていましたが、今では、こういう活動をするとこんなに楽しくなるという、ワクワクするような発表になりました。聞く側も非常に興味を持って聞いてくれます。わが社の社是は楽業偕悦。つまり、業を楽しむというもので、そこにもつながっています」と喜んでいる。

4 1人ひとりへの感謝から

1人ひとりにどれだけスポットを当てるか

改善活動は、長く続けるほどマンネリ化してしまいがちである。キユーピーで10年以上もこうした活動が続いているのは、「小さいことから始める」「金額的な結果ではなくワクワク楽しくやる」「トップがやり続ける」といったことに加え、「1人ひとりにどれだけスポットを当てるか」がポイントになっていると中野氏は言う。

そのために、食堂や職場に小さなことでも掲示したり、発表の場を作ったりしている。自分が提案したことが見える化されることで、モチベーションが上がり、「ほかに改善できることは何かないかな」という意識になる。相乗効果で改善件数がどんどん増えていくのである。

中野氏はさらに「夢多採り」という当て字に表されているように、「遊び心の必要性」も挙げている。通常、「遊び心」は余裕がないとなかなか取り入れることができないが、逆にその余裕を取り戻すためにも、「夢多採り」が必要だという。

「不良処理に追われていると、心にも時間にも余裕がなくなります。その不良分の原資材はすべてロスになってしまいます。そういったところも改善していけば、心と時間の余裕が出てきて、品質の方に目が向きます。そういう正のスパイラルを回していくにはどうすればいいかを、日々考えています」（中野氏）。

「感謝の気持ち」と「少しの変化」を欠かさない

この活動を海外を含むグループ会社に広める先導役として、今では世界や日本の各地を飛び回るようになった奥田氏は、かつて自身が先入観や違和感を抱いていた経験があるからこそ、細やかな心配りを忘れない。特に意識しているのは、「感謝の気持ちを伝えること」と「ちょっとした変化を生み出すこと」である。上がってきた改善シートすべてに「ありがとう」との思いを込め、必ずコメントを書いている（**写真3-2-1**）。

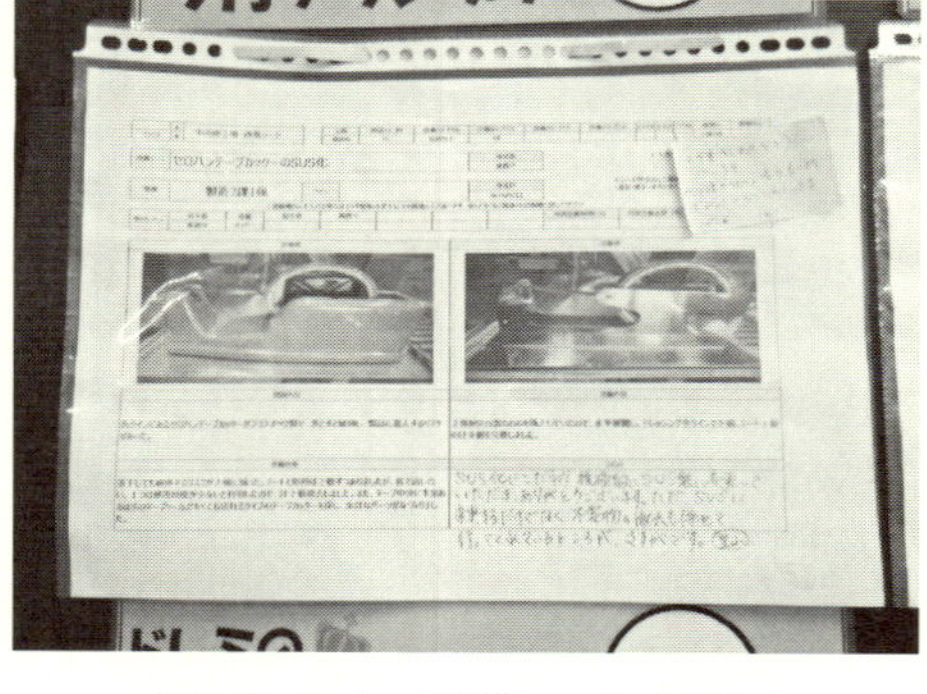

写真3-2-1　改善シートの掲示

グループ会社に活動を推進する際には、先方が「やらされ感」をもってしまったり、「親会社の人が何か言っているな」という冷めた様子で受け止められてしまうことがあるが、そんなときも感謝の気持ちを忘れずにいる。
「その現場の中心となる人たちが、１つでもいいから何か実践する、例えば、次までの宿題として何か1つやってみましょう、と宿題を出します。それをやってくれたときには私はすごくうれしくて、感謝の気持ちを伝えています。それで少しでも現場が変われればよいことですし、相手のモチベーションにもつながるのではないかと思っています。ただ、その感謝の気持ちを伝えるにしても、日頃のコミュニケーションが取れてないと、表面的な言葉になってしまうので、できるだけ目線を合わせて、一緒にやっていこう、ということを伝えるようにしています」（奥田氏）
ちょっとした変化を持たせることを心がけているのは、皆が飽きないようにするためである。例えば最近、グランプリを決める際の投票の仕方を、手づくりの「名前札」から「ＩＤカード」に変えた。そうすることで、タイムリーな投票率表示や、集計の簡素化といった効率面だけでなく、票数を逐次発表し、投票終了日までどこの職場がグランプリかわからないワクワク感を演出できるようになった。このように毎年何かの変化を加え、マンネリ化を防いでいる。
こうした正のスパイラルが回ることにより、改善提案がどんどん出るようになると、当然に改善が進んでいくので、やがては改善案が何も挙がってこなくなることも想定される。キユーピーではもちろん、そこを突破することをめざしている。例えば、今まで５％の不良が出ていたのが1％に下がったら、それは現場にとっては大きな改善であるが、そこで「もうこれでいい」というのではなく、「不良をゼロにした方がもっと楽じゃないか」と、さらに発想を切りかえ目標を上げていく、ということである。そのためには「さらに楽しくレベルを上げて、マンネリ化しないような工夫を探っていきたい」と中野氏は意欲的に語っている。

5 同社の活動から見えてくる人材育成のポイント

遊び心のある活動で楽しみながら続ける

「わが社の社是は楽業偕悦」――キユーピーの活動の鍵は、中野氏のこの言葉に凝縮されているのではないだろうか。

同社のケース・スタディとその後の取材から見えてきたのは、第一に、モチベーションを向上させるためには、人の感情に訴える「楽しさ」が必要だということである。特に、改善活動を継続するのは、言うは易いが実際は簡単ではない。逆に言えば、楽しくなければ活動は続かない。そこをうまく「楽しい仕組み」として取り入れる工夫が随所に施されている。

そもそも「夢多採り」というネーミングがユニークである。「ムダ取り」ではなく、「夢を多く採る」のである。中野氏がこうした「遊び心」のある活動の必要性を指摘するように、ちょっとした言葉の工夫が、ゆとりと笑顔のある活動を作り上げている。

人を育てる体制については、「ケース・スタディ」からも読み取れるが、キユーピーの場合も、現場の従業員にＩＥの基本を座学で学んでもらう勉強会を実施しているが、難しく思われがちなＩＥをイメージとして教え、その上で現場で改善してみるというように、座学と実践を繰り返している。五霞工場においてだけでなく、キユーピー全体でＩＥの基礎的な教育がしっかりと行われていることが、訪問して改めて確認できた。

敷居を高くしない

特に着目したいのは、ＩＥ教育についても、関わる人が「楽しい」と思えるように工夫していることである。座学であっても、理論や手法など難しいことを講義のみで教えるのではなく、ゲームやクイズを取り入れて、楽しみながら「ＩＥの基本」が身につくようにしている。もちろん、技術的な要素も大切であるが、技術的な側面よりも、「モチベーションのある人」を育てて強化していくことに力を入れているのがキユーピーの大きな特徴である。

もう１つ、同社のケースから見えてくることは、「小さな改善を少しずつ、全員でやる。それがやがては大きな改善になり、組織の価値となる」ということである。つまり、大きな改善ばかりを「改善」と捉えるのではなく、１人ひとりが自分の身近にある「ごく些細なこと」と思われるような「不具合」や「やりにくさ」を「少しずつ変えて」いくのである。それを全員で続けていけば、やがて小さな改善が大きな成果を生み出していく。同社の事例は小さなことの積み重ねの大切さを、改めて教えてくれている。

ここに着目！

その1　その活動　している人が楽しめば　もっともっとやりたくなる

その2　全員で　小さな改善重ねれば　やがて大きな花が咲く

第3章

「いきいきした職場」が生まれる秘訣を探る！

1

現場で働く人に誇りと連帯感をもたらす
～マルヤス・セキソーグループ　岡崎工場

マルヤス・セキソーグループは、生産拠点のグローバル化を進める中、「顧客に喜んでいただける製品を造ろう」という考え方と、「人財育成重視」の姿勢を合わせて、「全員で良いものを造る活動」に取り組んでいる。その中で、ＩＥの見方・考え方をどのように伝え、活用しているのか、またどのような人財育成体制によってどんな人財が育っているのか、活動を支えている考え方や育成プログラムの体系を詳しく知りたいと考えた。同時に、この活動で表現されている「良いもの」とはどのようなものを指すのか、良品条件とワークヘッドの考え方がどのように展開されているのか、そしてそれが人財の育成といかに関係しているかを取材するため、同社の岡崎工場を訪問した。

2 全員で良いものを造る活動の背景

「顧客第一」と「人間性重視」を具現化するため

マルヤス・セキソーグループは、２００８年から「全員で良いものを造る活動」を中核とした改善活動を進めている。この「全員で」とは、世界の生産拠点でもの造りに携わる全員を対象とすることを意味している。海外を含めて生産拠点が30カ所近くになると、どうしても作業手順や品質にバラツキを生じやすくなり、それを許容していてはグローバルな競争を勝ち抜くことはできない。また「良いもの」とは、製品それぞれについて、良品を造る条件を定めていくという考え方である。部品メーカーは、納入先である完成車メーカーから、毎年一定比率で原価低減が要求される。したがって、それを上回るコスト削減が必須となるが、単に不良率を低減していくだけでは限界がある。「良いもの」という言葉には、顧客の求めるＱＣＤを先取り的に保証する良品という意味が込められている。

ＴＰＭ、ＴＰＳ、ＴＱＭを重視

マルヤス・セキソーグループでは、２００８年以前にも、顧客の求めるＱＣＤを満足するための改善活動を展開している。セキソーの専務取締役、山田昌也氏は「企業のベースは人づくり」と明言しており、その人づくりと体質強化のために、３Ｔ活動を行ってきた。３ＴとはＴＰＭ、ＴＰＳ、ＴＱＭの３つの活動を指している（**図3-3-1**）。

マルヤス工業では、１９７８年のトヨタ品質管理賞受賞を機に、体質強化のためにＴＰＭ活動を開始した。１９８１年にＴＰＭ優秀賞を受賞し、さらにＴＰＭ活動で育った人たちが、それぞれのグループ会社に合った仕組みをつくって体質強化を進めてきた。その結果、グループ企業全体でＴＰＭ優秀賞を48回も受賞している。

一方、セキソーは、ＴＰＭ優秀賞を7回継続受賞、２００５年には愛知ブランド企業に認定され、２０１２年にＩＳＯ／ＴＳ１６９４９を認証取得し、同年にＴＱＭ活動を開始し、２０１４年にはデミング賞を受賞している。

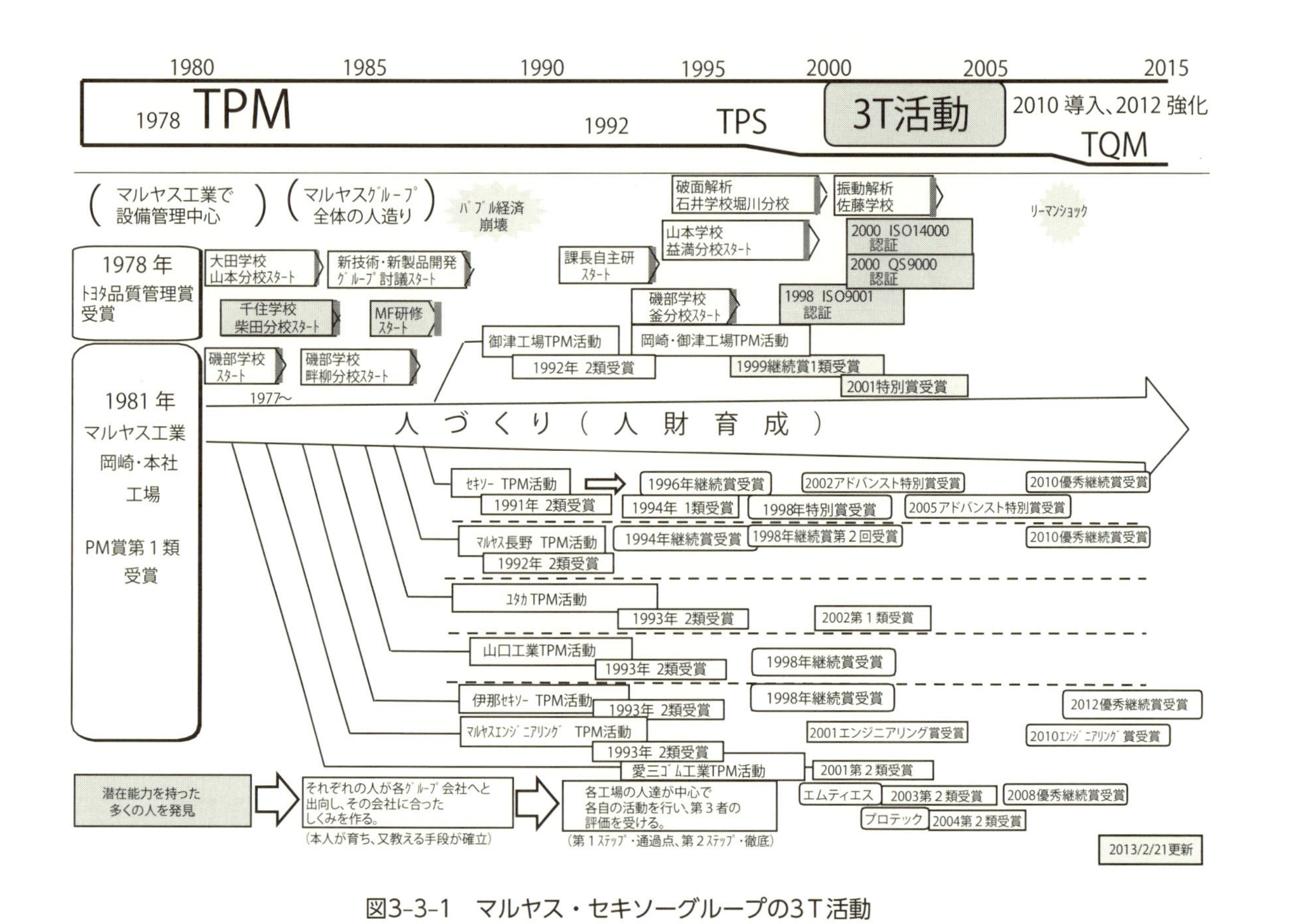

図3-3-1　マルヤス・セキソーグループの3Ｔ活動

3　座学と実践を繰り返すＭＦ研修

マルヤス流の「Ｍ・ＴＰＳ」で問題発見

マルヤス・セキソーグループでは、現場での実践的な改善を通して人財育成を進めている。中でも柱としているのが、マルヤス流のＴＰＳ、すなわち「Ｍ・ＴＰＳ」である。

Ｍ・ＴＰＳは、トヨタ生産方式の２本の柱、「Just in time」と「自働化」をベースにし、マルヤス流のＭを付加したものである。「マルヤス流」がめざすのは、「『製品の立場』および『人の立場』に立って考えて造る」ことである。

ここでいう「製品の立場」とは、できるだけ向きや位置を変えずに加工機械や組立治具に部品をセットして加工する考え方や、製品が行きたがっているのはどこなのかと考え、スムーズな動線で後工程に早くお届けしようという考え方である。

一方、「人の立場」とは、できるだけ作業者に余分な負担がかからないように作業を設計するという考え方である。具体的には、作業範囲がゴールデンエリアと呼ばれる適正な領域内に収まるよう工夫している。例えば、加工点から半径４００㎜のエリアをＡランク、さらにその中でも作業範囲が60°以内で収まる場合は特Ａランク、半径７００㎜になるとＢランク、それ以外をＣランクとし、できるだけ特Ａランクに部品を配置することをめざしている。高さについても、できるだけ肘を伸ばさないで届くところに置く方が、作業者は作業しやすくなる。

また、作業者の「姿勢」にも着目している。前かがみになったり、しゃがんだりするよりも、直立に近い方が良い。「よりわかりやすく、達成感を感じてもらうため、効果の指標をできるだけ数値化していきます」と、ダントツものづくり推進室の上原諭氏は説明する。さらに、グループ会社のマルヤスエンジニアリングと協働で、からくりによって、作業者にやさしい「楽らくリズミカルな作業」になるよう工夫している。

従業員は、以上のようなＭ・ＴＰＳの考え方を体系的な教育プログラムによって学習する。対象となるのは、次に述べるＭＦ研修生のほか、技術員（全員）、生産技術系の新入社員、生産現場の班長、生産管理部門（全員）であり、独自の教科書が使用されている。

表3-3-1に示したＭ・ＴＰＳ教育カリキュラムを見ると、座学による手法の教育と、現場での実践が融合したプログラムであることがわかる。すなわち座学だけでなく、模擬ラインを使って実際にものを造ることで、ロット生産と1個流ししたときの違いや、ストレートなラインとＵ字ラインの違いなどを体感する。先に述べたゴールデンエリアについても、実際に体験させることでその理解を促している。そして模擬ラインにおいて問題点を発見し、改善案を考案し、改善を実践している。

第一線の監督者を強化するＭＦ研修

同社の人財育成で特徴的なのが「ＭＦ研修」である。ＭＦとは「マルヤスフォアマン」を指し、具

	項　目　・　教　材	テキストページ	時間割
1	M・TPSの思想、TPSの2本の柱	5～18	8:30～9:00
2	流れ化の考え方とステップ展開（7つのムダ、ロット生産と1個流し）	19～28	9:00～9:15
3	必要タクト（売れるスピード）でつくる	29～34	9:15～9:30
4	稼働率と可動率、主作業と付帯作業	35～44	9:30～9:45
5	後工程引取り、かんばんの種類とその役割	45～61	9:45～10:00
6	物と情報の流れ図作成	実践	10:00～10:15
7	所番地の考え方	62～64	10:15～10:30
8	所番地の読み取り方	実践	10:30～10:45
9	ストアのあるべき姿、正常と異常の見える化	65～75	10:45～11:00
10	在庫流動図作成（ストア在庫の最小化、かんばん回転枚数）	実践	11:00～11:30
11	かんばんを使った生産指示のやり方	実践	11:30～12:00
	昼食		
12	自動化と自働化（自働化レベル、インライン保証、ポカヨケ）	76～84	12:45～13:00
13	ゴールデンエリアとストライクゾーン、らくらく作業の評価方法	85～90	13:00～13:10
14	標準化とは（標準三票と作業手順書）	91～97	13:10～13:20
15	M・TPS改善ステップと推進のまとめ（改善を進める基本姿勢）	116～122	13:20～13:30
16	人と機械の組み合わせ（ライン設定検討マニュアル）	98～115	13:30～14:00
17	流れ化のステップ展開の実践（流れ化レベル、ゴールデンエリア）	実践	14:00～14:30
18	動作分析・標準作業組合せ票・ライン設定検討書の作成	実践	14:30～16:00
19	問題発見と改善案の摘出、改善実施	実践	16:00～16:30
20	○着ラインの作業方法と加工確認時の異常処置訓練	実践	16:30～16:45
21	理解度確認		16:45～17:15

表3-3-1　M・TPS教育カリキュラム（実践編：8時間コース）

体的には第一線監督者・監督者候補の職長・班長を指している。

ＭＦ研修は70日という長い期間をかけて行われ、自分の現場を離れ、監督者を中心とした３人でグループを作り、テーマとして与えられた職場で現場調査を行って問題発見・問題解決の実践に専念する。大きな流れとしては、テーマ職場から、その職場における課題や目標などが書かれた「テーマの目論見書」を受け取り、その内容を検討し、改善に向けて調査解析・改善・標準化の実践を行う。体で覚えてもらう「道場」と、理屈を教える「教室」を兼ね備えた、問題発見から問題解決に至るプロセスを学ぶ場である（**図3-3-2**）。先に紹介したＭ・ＴＰＳは、ＭＦ研修の初期合宿に組み込まれている。本社とは離れた研修所に模擬ライン他の機材を持ち込み、座学と体験研修を行っている。

ＭＦ研修は、「問題発見、問題解決できる人づくり」をねらいとしている。「良いものを造る」「顧客に早く届ける」「やりにくい作業をなくし、楽らくリズミカルに仕事をする」という3つのテーマを掲げ、それに対して具体的に課題出しから解決までを座学と実践の両方で学んでいく。

図3-3-2Ⓐに示すように、ＭＦ研修は3泊4日の初期合宿からスタートする。ここでは座学を中心に、改善に必要な知識を徹底的に教え込む。具体的にはＭ・ＴＰＳをはじめ、「ワークヘッド」「良品条件」、ＱＣ的なものの見方や手法などである。独自の資料を使用し、同グループの社員が指導者となり、先生役の人たちが、自分たちが学んでわかりにくかったところや、生徒が理解しづらい部分を、毎年修正しながら教えている。

ＭＦ研修の流れ

初期合宿が終わると対象職場の現場に入り、まずは現場の人の声を聞くところから調査を開始する。そして週に一度、現場の部長・課長・関係スタッフと調査状況、改善の方向性を確認する「指導者会議」を行い、そこで目標を明確化させながら、現地現物の調査と解析を行っていく。チーム編成時に3人は互いに知らない間柄だが、一緒に食事をし、風呂に入り……と生活をともにしていくうちに、自然とチームワークが生まれてくる。このとき、3人で1チームとしているのは、チーム内で意見が分かれても多数決で決まることとなり、グループとしての総意をまとめる際に少数でも自分の考えを主張する必要が生じるため、そのプロセスから行動力とリーダーシップが養われることを意図しているからである。

おける70日間の足跡
MF研の位置づけ
足腰（現場改善能力）が強い会社は業績も伸びる。
MF研は改善の成功体験を得る研修の場である。
枕木を支える無数の砕石は全従業員だ！！
MF研のねらい
●ラクニ・ハヤク・ヨク・ヤスク、（トヨタ生産方式）がねらいだ。
●動きを"人偏"の付いた動き、働きにかえるのだ。
●"探索力・解析力等"考える体質づくりだ。
●QC活性化の基礎とする。
改善実施
H 現場改善・現場実証 データの追跡
ロス・ムダの徹底排除！ 改善後の現場観察が重要！
改善手法の実行・体得
成果が上がってきたので改善が面白くなってきました。
中間合宿
G 1次の反省 2次の計画
住職の講話に悟りの境地 座禅・正座で足の痛さ
おごりを捨て謙虚な態度で今後の研修へ新たな決意
慰労会 K
70日間の反省を含めての慰労会 幹部から注いで貰い恐縮
さらばF研室よ　また来る迄は しばし　別れの涙が　にじむ
GOAL
職場復帰
職長お帰りなさい。
留守中ご迷惑かけました。
会社からの礼状と写真
会社から家族宛に礼状と研修当時の写真が届く 家族で写真を見ていると70日間の想い出が走馬燈のごとく蘇ってくる 会社の配慮に感謝
中間発表会
F 役員関係者入室。最後に副社長 経過報告・猛声訓練・発表 ご指導・アドバイス・終了
貴重なアドバイスが今後の改善活動の指針となりました。 励ましの言葉をいただき改善意欲が盛り上がってきました。
改善検討
E "あるべき姿"の追求
関係部署の協力に感謝
人のチエの一番大きなチエは、人のチエを使うチエ。
試作部
山本学校 益満分校
改善姿
現場改善 現場実証 データ追跡
データの収集 現場で実証
データ
現場
中間発表会前夜
自信がつくと声が大きくなる。笑声がでる。
意見の衝突もあったっけ…
今日も帰ってねるだけ…
まだ15枚しか書けてないヨォン

の流れ

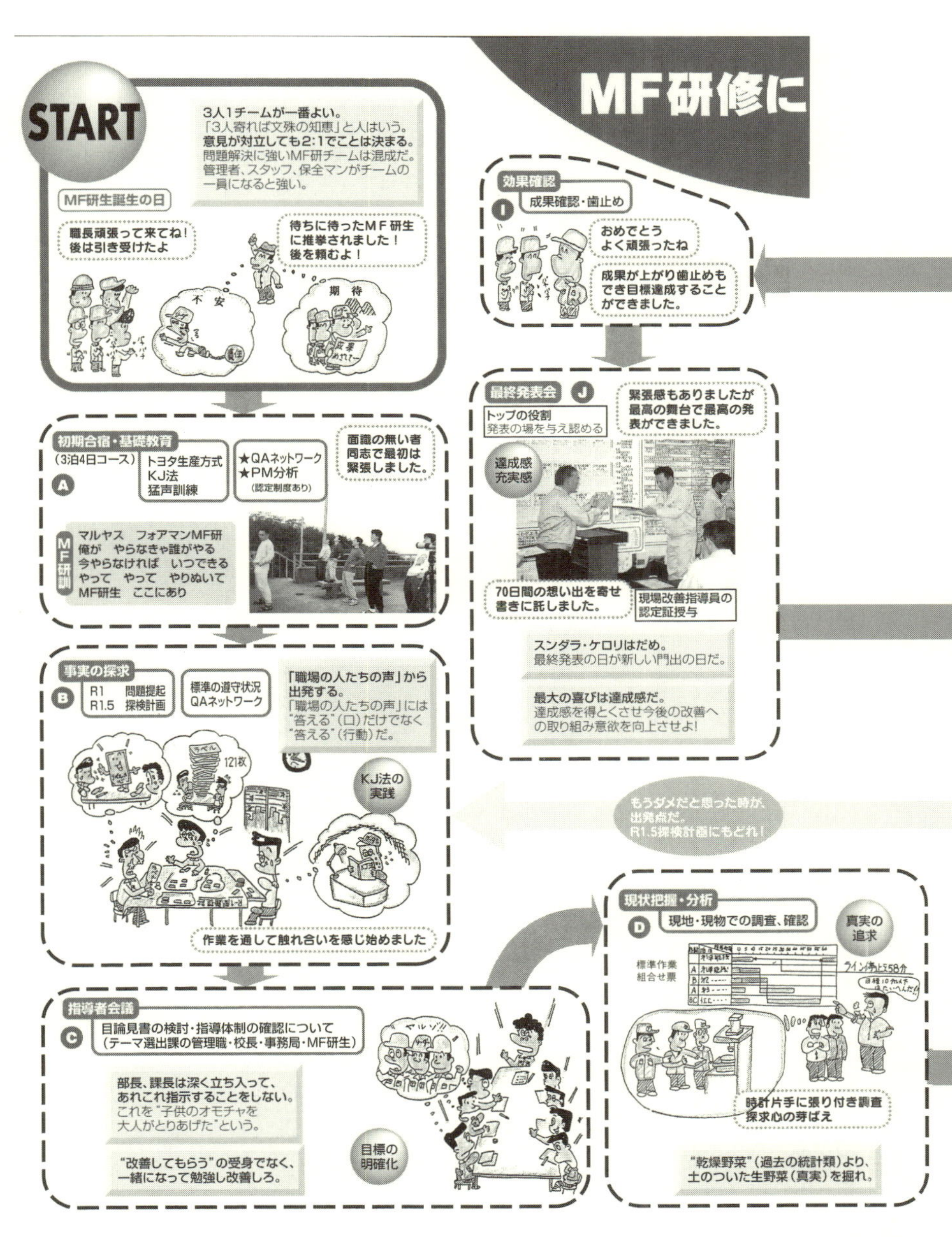
MF研修に
START
3人1チームが一番よい。
「3人寄れば文殊の知恵」と人はいう。
意見が対立しても2:1でことは決まる。
問題解決に強いMF研チームは混成だ。
管理者、スタッフ、保全マンがチームの一員になると強い。
MF研生誕生の日
職長頑張って来てね！後は引き受けたよ
待ちに待ったMF研生に推挙されました！後を頼むよ！
不安
期待
初期合宿・基礎教育
（3泊4日コース）
A
トヨタ生産方式
KJ法
猛声訓練
★QAネットワーク
★PM分析
（認定制度あり）
面識の無い者同志で最初は緊張しました。
MF研訓
マルヤス　フォアマンMF研
俺が　やらなきゃ誰がやる
今やらなければ　いつできる
やって　やって　やりぬいて
MF研生　ここにあり
事実の探求
B
R1　問題提起
R1.5　探検計画
標準の遵守状況
QAネットワーク
「職場の人たちの声」から出発する。
「職場の人たちの声」には"答える"（口）だけでなく"答える"（行動）だ。
KJ法の実践
121枚
作業を通して触れ合いを感じ始めました
指導者会議
C
目論見書の検討・指導体制の確認について
（テーマ選出課の管理職・校長・事務局・MF研生）
部長、課長は深く立ち入って、あれこれ指示することをしない。
これを"子供のオモチャを大人がとりあげた"という。
"改善してもらう"の受身でなく、一緒になって勉強し改善しろ。
目標の明確化
効果確認
I
成果確認・歯止め
おめでとうよく頑張ったね
成果が上がり歯止めもでき目標達成することができました。
最終発表会
J
トップの役割
発表の場を与え認める
緊張感もありましたが最高の舞台で最高の発表ができました。
達成感
充実感
70日間の想い出を寄せ書きに託しました。
現場改善指導員の認定証授与
スンダラ・ケロリはだめ。
最終発表の日が新しい門出の日だ。
最大の喜びは達成感だ。
達成感を得とくさせ今後の改善への取り組み意欲を向上させよ！
もうダメだと思った時が、出発点だ。
R1.5探検計画にもどれ！
現状把握・分析
D
現地・現物での調査、確認
真実の追求
標準作業組合せ票
時計片手に張り付き調査
探求心の芽ばえ
"乾燥野菜"（過去の統計類）より、土のついた生野菜（真実）を掘れ。

図3-3-2　MF研修

次に、改善案の検討に入っていく。そこでは、あるべき姿を見据え、「どんな改善をしていかなければならないか」を考えながらデータを収集し、現場での実証を進めながら改善策を検討する。すぐに改善の目標が見つかればいいが、実際はそう簡単ではない。悩めば最初に戻り、このサイクルを繰り返すことになる。

対象職場からは、テーマの目論見書として、「不良を造るムダ」「在庫のムダ」「人の動きのムダ」に関連した改善案が持ち込まれることが多い。ただし、こうした「乾燥野菜」、つまり「準備されたデータやテーマ」を信じるなと教えられているため、研修生は自ら現場で調べて問題の所在と原因を検討している。そして、改善の方向性や目途、あるべき姿を把握したところで、中間発表が行われる。自分たちで調べてきた問題点とその取り組み姿勢が間違っていないかトップに確認し、その後の改善活動の指針を定めている。

中間発表の後は1泊2日の中間合宿を実施し、それまでの研修の反省とその後の活動に向けて、今後の活動を見直す。合宿は寺で行い、座禅を取り入れ、精神修養もその一環としている。「会社の中の喧噪から離れて、自分の心の整理をすることもめざしています。日頃経験できない精神修業も1つの目的です」と生産技術部、執行役員の中根与志三氏は中間合宿の意義を説いている。

それが終わると、いよいよ改善の実施である。ここでは、実際に自分たちが調べた問題点に対し、初期合宿で学んだ改善の手法を用いて結果が出せるか、改善手法を適用して実践する。

そして、最後はトップに向けた最終発表である。自分たちが行ってきた活動を整理し、その結果をどう表現するかを考えるとともに、70日間の研修を振り返って自分たちの成果を互いに認め合う。発表会の夜には、慰労会を実施する。また、そうした改善漬けの生活には家族の協力が欠かせず、終了後にはトップから研修生の家族へお礼状を、活動期間中の写真を添えて渡している。

「乾燥野菜」は信じるな

現場調査では、真実を追求することを重視し、同社ではそれを「生野菜」と呼んでいる。中根氏はこう説明する。「過去の統計や、他の人が調査した結果のことを、当社では『乾燥野菜』と呼んでいます。それに対し、『生野菜』とは、自分で実際に調べて掘り起こした生きたデータのことです。与えられたデータではなく、自分で調べたデータを解析することが大事なのです」

ねらいは結果よりも達成感

中根氏はMF研修のねらいについて、以下のように話している。

「MF研はあくまでも研修であり、実践的な改善と言っても時間には制限があります。したがって、プロセスを重視し、改善の結果は求めていません。ここで求めているのは、学んだ手法をしっかり使えるか、ということです。それによって結果がついてくるという達成感を研修生に味わってもらいたいのです」「実際に必要なときに必要な手法が使えることが大事です。達成感があると、次の改善のモチベーションがもっと上がることになります」。専務取締役の山田氏も「MF研の目的はあくまでも人財育成であり、問題発見や問題解決の手法を学ぶことです。ですから、結果が出た、出ないについては一切言わないのがルールです」と強調している。

「これはうれしいことなのですが…」と中根氏が喜ぶのは、ＭＦ研修の卒業生が、自主的に卒業後の活動として、自分たちの成果発表会を行っていることである。研修を終えたメンバーの改善活動は、研修後が本当のスタートとなる。それぞれの改善については、発見した問題やその解決方法を、年に2回のトップの監査や班長発表会などで直接上司にプレゼンテーションする機会が設けられており、それがさらなる改善へのモチベーションにつながっている。

ＭＦ研修は１９８７年からスタートし、現在29年目を迎えている。班長レベル以上ではほぼ１００％が受講しており、卒業生は約６００人である。その中から役員級の人財も出始めている。

ＭＦ研修は70日間という長い期間であるため、当初は現場側も人選に苦労していた。しかし、年月を重ねることにより、研修生が戻って来たときに自分たちの現場改善の核となってくれることが理解され、「次は誰を出そう」「どの職場にしよう」と、先取りして考えるようになってきている。「30年近い時間が経って、ＭＦ研自体が私たちの風土そのものになりつつあると感じています。そういったことが、いきいきした職場にもつながっているのではないでしょうか」と中根氏は語っている。

「ワークヘッド」と「良品条件」

マルヤス・セキソーグループの「全員で良いものを造る活動」は、１９７８年から続いているＴＰＭ活動に、「ワークヘッド」と「良品条件」を重視する考えを加えて展開しているものである。ベースとなっているのは、各工程で生み出すべき製品と、その材料となる投入素材を明らかにし、材料を製品に変えるために必要かつ最低限の「ものの変化」（例えば曲げ加工、穴あけ加工、塗装、組立一体化など）を「基本変換」として抽出する考え方である。

同グループでは、基本変換を実現する工法・技術を考え、それを実現する設備を構想し、設備のメンテナンス、そこへの部材の供給・搬出、さらに設備のユニットのメカニズムやメンテナンスまで考慮する工程設計のアプローチを、「良品条件とワークヘッド」と名づけ、全社へ展開している。ここで、ワークヘッドとは、対象の「もの」（ワーク）に直接的に力やエネルギーを与え、加工を実現する働きをしている手段の「もの」で、具体的にはワークに直接触れる「刃具」「パンチ」「ダイス」「治具」「チャック」「塗装ノズル」「電極」などを指している。

基本変換のみで実現するシンプルな工法を考えることにより、ワークヘッドも安価・シンプルでメンテナンスしやすいものとなり、現場でのメンテナンス（自主管理）が可能となる。設備投資額を抑えメンテナンスコストを低減することで、コスト面で顧客のニーズに対応しやすくなる。

また、もの造りの中で「もっと良い造り方（工法）はないか」を探るために行っているのが、「技術分類」である。「技術分類」は第1分類から第3分類まであり、第1分類は「形を変える」「くっつける」という抽象的な言葉で表現される。それを具体的に示す言葉が第2分類、さらに手段まで指定した表現を第3分類としている。多くの技術的な選択肢をわかりやすく分類することで、例えば、部品同士を「くっつける」という言葉から、溶接、ろう付け、組付など様々な技術・工法を選んでいくことが可能になる。「製品に応じた最適な工法があるはずで、従来通りといった固定概念で工法を決めてしまうのではなく、いろいろな案を挙げて最適な工法を選ぼう」と教育している。こうした考え方が、工法にまで踏み込んで「良いもの」を生産する風土を生み出している。

ワークヘッドと良品条件の適用例

良品を生み出す工法を追求し、さらにはワークヘッドの位置決めや設備ユニットの動力まで知恵を出して工夫することで、「シンプルでコンパクトな設備造り、ライン造りができると考えています」と、生産技術部次長の竹井健一郎氏は説明する。その具体例として、カチオン塗装工程がある（**図3-3-3**）。カチオン塗装とは、塗装される部品を電着塗料の入った容器（電着槽）に浸し陰極（－）とし、一方電着槽内の隔膜室内に設置した極板を陽極（＋）として、この間に直流電流を流すことで部品の表面に薄く均質に塗膜を生成する塗装方法で、エンジンを支える防振部品「エンジンマウント」などで多く用いられている。

この設備を専門の設備メーカーに依頼すると、複数個をまとめて塗装する大型の設備になるのが一般的であるが、同社では1個単位で塗装した場合、どのような設備になるかを考えた。最初はビーカーで試験塗装を繰り返し、「何が良品条件か」を見極めた上で、1個ずつ塗装できるコンパクトな設備を造り上げた。専門メーカーの大型設備での塗装と比較して、品質的にまったく遜色ない良品を生産できる。加えてラインそのものの構成もしやすくなり、1個流しができるようになった。

「洗い出しシート」で良品条件を導き出す

ワークヘッドと良品条件を考える際には、「洗い出しシート」を活用している。シートの左半分には「加工前のもの」と「加工後のもの」を記入するが、ユニークなのは、「加工後」を上に、「加工前」を下に書いていることである（**表3-3-2**）。顧客から受注した図面の製品が最終目的で、次にそれを作る材料を考えるので、上に加工後を記述し、下に加工前を描いている。そして、基本変換と良品条件をこの図の右半分に書くようフォーマット化されている。

「全員で良いものを造る」活動によって、現場におけるもの造りへの考え方が変化した。以前は、「不良をどうしようか」と不良対策を考えていたが、今では「そもそもなぜ良いものができないのか」と皆が考えるようになっている。良品条件にこだわり、良いものを造ろうと努力することで真因を追求することが可能になり、良品率の向上を実現している。

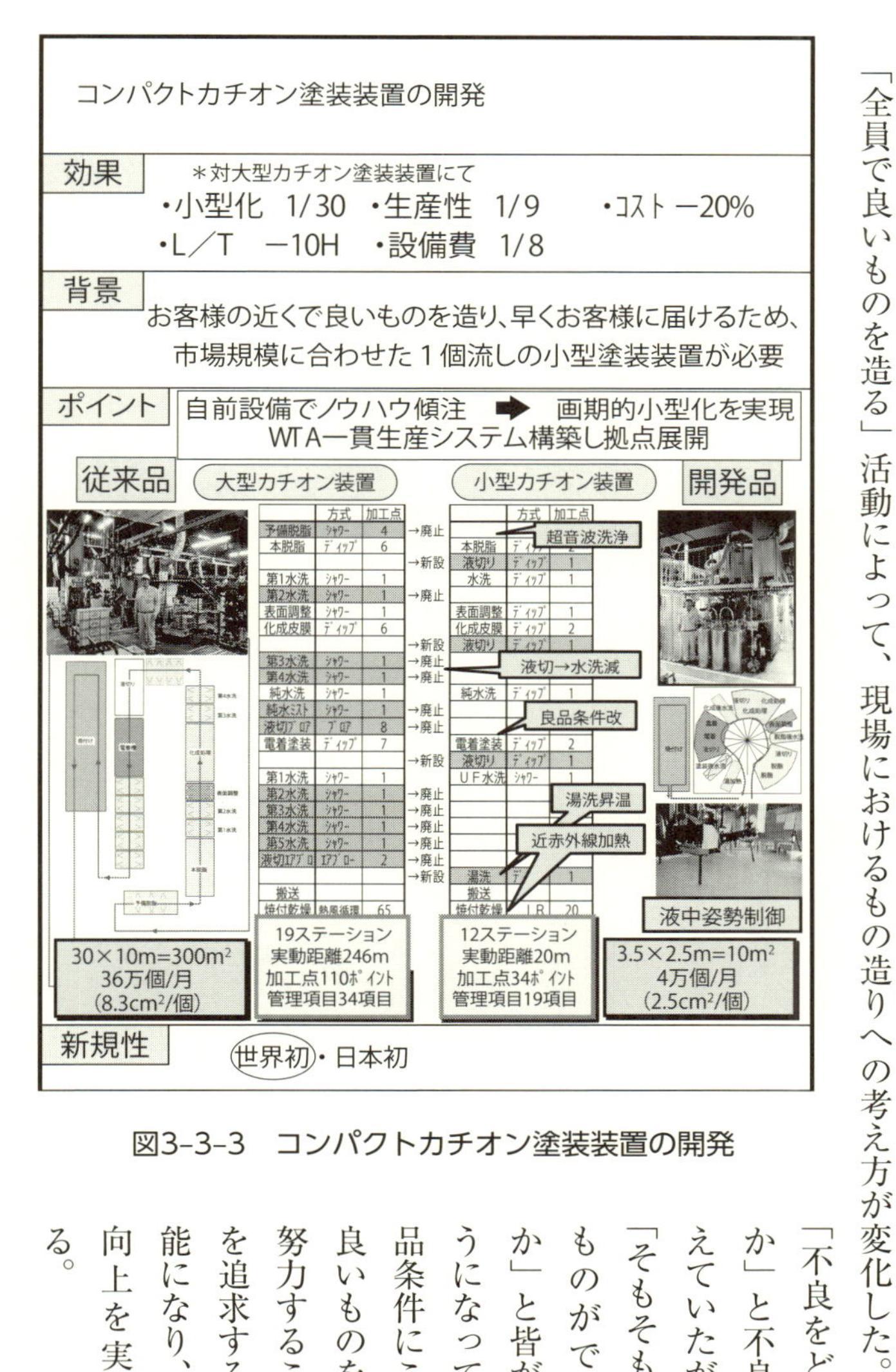

図3-3-3　コンパクトカチオン塗装装置の開発

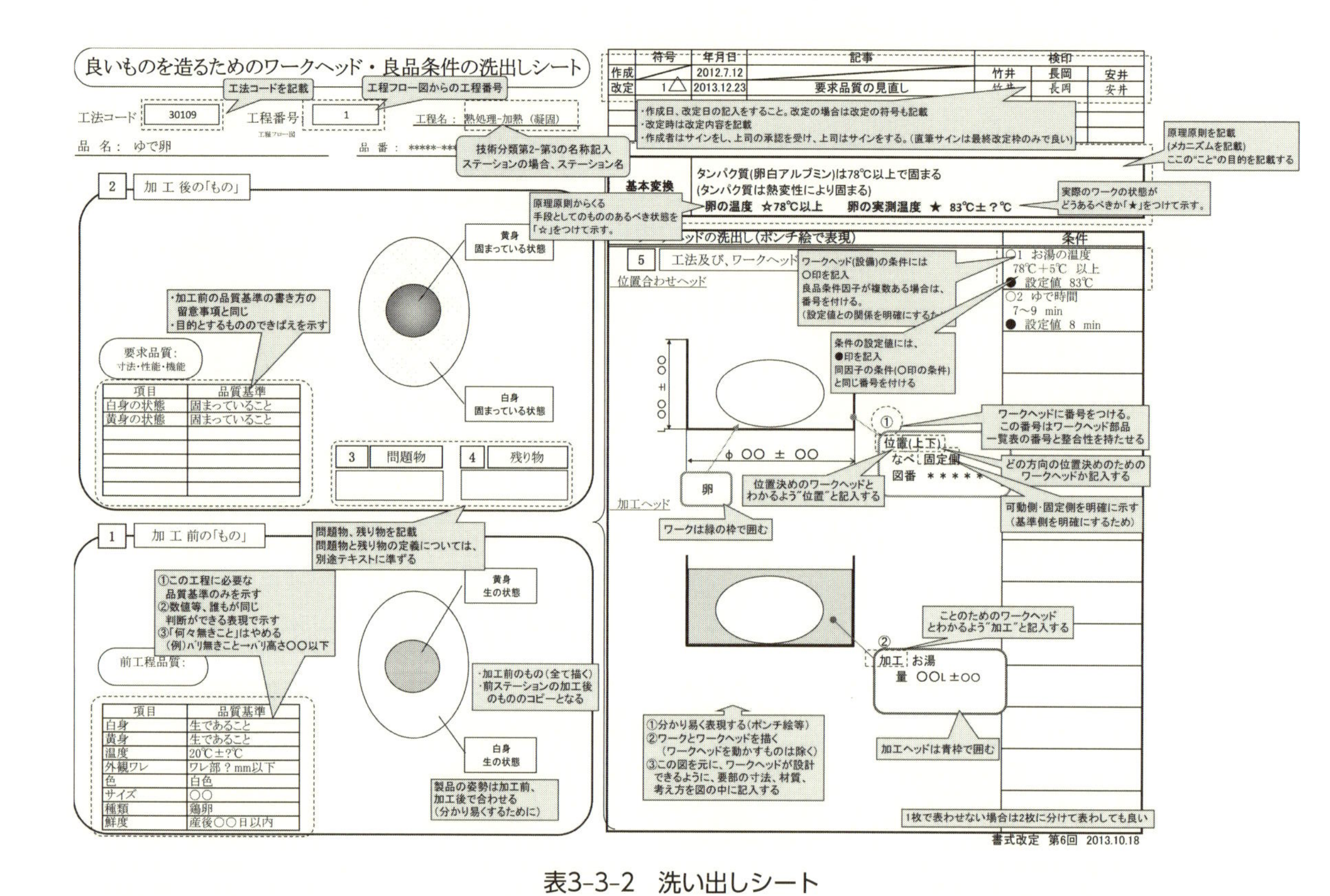

表3-3-2　洗い出しシート

4 活動プロセスで工夫している点

「共育」「競育」「今日育」という活動

マルヤス・セキソーグループでは「人に教えて人が育って人の芽が開く」を教育の理念としており、教わった人が成長し、またその人が人に教えて……といったサイクルを回すことによって、会社そのものが変わっていくことをめざしている。すなわち、「教え育つ」「ともに育つ」「競い育つ」の3つを合わせて「教育」としている。さらにもう1つ、気づいたときにすぐやる、今日やるという意味での「今日育」という意味も含め、日々「教育を実践」している。

教育体系としては、新入社員、主任班長、職長・係長、管理職などの階層ごと、さらに製造部門、技術部門、間接部門といった部門ごとに実施している。「必要なときに必要な場で必要なことができる人を育む」ことをねらいとし、内容に応じて、大学の研究者など外部の専門家による塾という形で教育プログラムを実施している。講師は一方的に教えるだけでなく、受講者からの質問に答えることで講師自身も成長することを教育の一部と捉えている。ＭＦ研修で用いるテキストも、すべて自前で作成し、質問に応じて毎回改訂している（**図3-3-4**）。

・共に育つ・競い育つ］

改善成果を上げる研修

実践活動の場　課長自主研究会　マルヤス工業㈱

②損得の意思決定ができる人の教育

損得学の研修　千住学校〈品川分校〉　マルヤス工業㈱

④教えた技を競い合い成果を確認する会

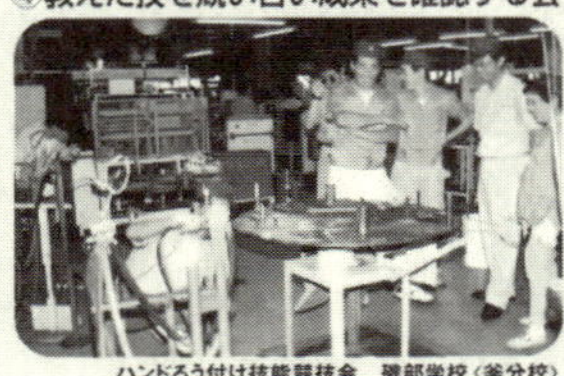

ハンドろう付け技能競技会　磯部学校〈釜分校〉　マルヤス工業㈱

⑤創意探求を体験する保全マン教育

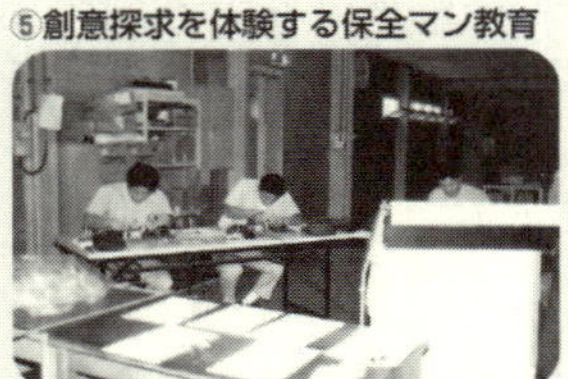

電気回路の基礎知識の学習　技能学園　㈱マルヤスエンジニアリング

⑥グループ企業内（塾・道場・学校　成果の確認）

●モノを作る楽しさを体験

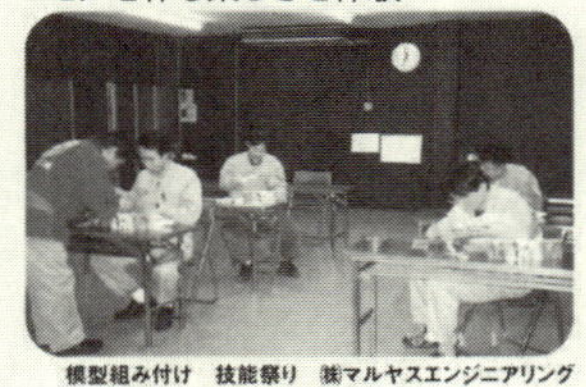

模型組み付け　技能祭り　㈱マルヤスエンジニアリング

●修得内容を自職場で展開

道場で修得内容の把握　改善技能道場　㈱マルヤス長野

●実践と改善に強い人の育成

旋盤による切削加工の実習　切り貼り学校　㈱伊部セキソー

●率先垂範して実習に参加する女子監督者

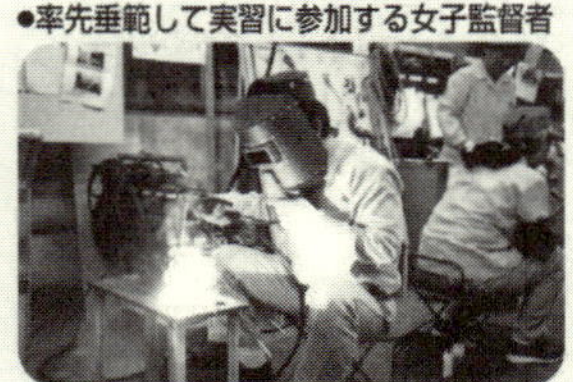

溶接実習　きりはり塾　㈱ユタカ

の教育体系

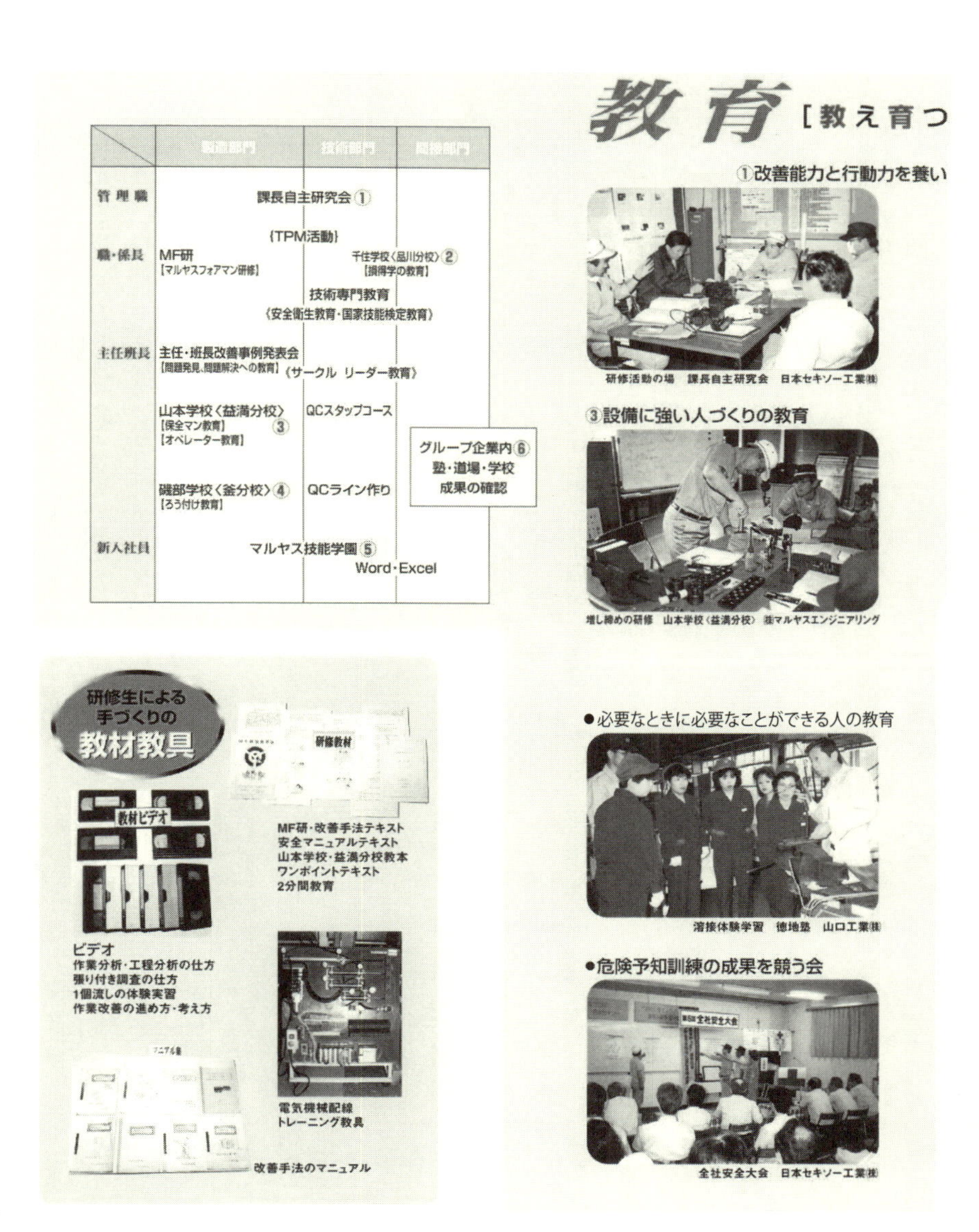

図3-3-4　マルヤスグループ

「いきいき」した職場となるために

同グループは、様々な教育を現場に定着させるための工夫も行っている。製造担当執行役員の木下秀夫氏は「なぜ？　と一緒になって考える」ことと、「改善や工夫を見つけたら必ずほめる」ことをポイントとして挙げ、さらに「現場で行った改善を、トップの人に聞いてもらい、一緒になって考えてもらう。そのため、〝見える化の土壌づくり〟にこだわっています」と自らの役割を話している。いくら座学で知識を学んでも、実際に現場で改善できなければ意味がないし、改善できたときに上司に関心を持ってもらわなければ、改善した人たちは落胆してしまう、という思いからである。

「改善提案した現場の人たちの根底には、ほめてほしい、見てもらいたい、認めてもらいたいという思いがあります。そこに上司である私たちがどう関わっていくかがポイントになります。トップにその思いが伝われば、トップは一緒になって考えます。ＭＦ研修での中間報告や最終発表会にトップが必ず参加し、現場での教育活動を含め、経営陣が頻繁に現場へ足を運んで一緒に悩みを考える。そして良い活動は直接ほめる。そんな文化があります」と木下氏は語っている。

例えば、現場の人がやりにくいと感じた作業について改善提案したら、班長や職長といった人たちはその提案を確実に実施し、その結果をトップが「提案実行率は何％で、〇〇の現場のリーダーが一生懸命がんばってくれたから」とほめる。それにより、その職場は自然と自信を持ち、さらに課題に挑戦するといったように職場が活性化する。

あるいは、同社には職場ごとに安全、モラル、品質、生産を競う「ＰＭラリー」という活動があるが、そのラリーで1位になると、外部団体が主催する大型船での洋上研修に職長が参加できる。実際に、昨年第1位になった職場では、壁に大きな船とそこに乗船した職長の写真が掲示され、職場の全員の努力で洋上研修に参加できたことがすべての見学者に説明されている。そうなると「うちの職場が、職長を洋上研修に行かせた」と、現場で働く者たちに誇りと連帯感をもたらすことになる。

「声の実る木活動」で現場の提案をともに考える

現場で行っている工夫のもう1つの例が、「声の実る木」という掲示である。現場の壁に、付箋に書かれた作業者の改善案が貼られている。付箋の内容について、まずは班長が対応し、班長のレベルでは実行が難しいと思ったら職長に上げ、職長も難しいとなれば課長に上げる。階層別に対応した人の付箋が並べて貼ってあるので、作業者にも、どの階層まで検討されたかが一目でわかる。自分の提案を放置されるということはない。「それはちょっと…」と班長以上の全員が判断したら「ギブアップ宣言」もあり得るが、必ず「どうなったか」という結果が目で見てわかるようになっている。

例えば、腰を曲げた姿勢で材料を運ぶ現状があったとき、材料置き場を作業台と同じ高さに配置すれば腰を曲げずにすむが、そのためには材料置き場の高さを変えるような道具や設備が必要になる。作業者のレベルでは、道具や設備を変えることは難しいが、「こういうものがほしい」と付箋に書き込めば、班長レベルで「では造ろうか」と簡単に実行できるかもしれないし、設備投資が必要となれば、課長に頼んで実行する。いずれの場合でも、「どうするか」を全員で考えていくことになる。

木下氏は「現場の改善力が弱くなってしまうのは、提案や改善案を出せと言いながら、任せっぱなし、放ったらかしになってしまうからです。出してもらった以上は私たちが見て、『こういうふうにした方がいいのでは？』と一緒になって考えることが大切なのです」と力説する。

つまり、「やらせ方と仕掛け方」の両面が必要ということである。最初の段階では不慣れで改善活動をなかなかスタートできないので、上の人がある程度「やらせる」ことになる。次の段階では、継続するように、上の人が少し引いた状態で「仕掛ける」。そうしていろいろな仕掛けをしていけば、自分たちで自然と考えるようになっていく。

「がんばろう、といった声かけだけではモチベーションは上がらない。大事なのは、結果ではなくプロセスを評価して、達成感を与えること。管理監督者としては、部下が喜んでやってくれるのは本望ではないでしょうか」と山田氏はいう。

とはいえ、部下を束ねていく中ではいろいろな苦労もある。木下氏が経験した例では、ある現場に、改善すべき点をまったく見つけられない人がいた。そこで、あえて一番汚れためっき工場に連れて行き、「2Sの視点でいいから、どんなことでも改善して一番になってみよう」と促した。現場監督はもちろん、会長、副会長、社長のトップ3にも声を掛けてもらうように仕掛けたところ、自分で工夫した掃除機を造り、さらにめっき時の製品の姿勢を工夫して製品のエアーポケットを解消するための提案も出て、結果的にめっき工場でナンバーワンの工程となった。

そういう過去の例から、木下氏は「主役の1人ひとりが課題に挑戦し続け、自分の職場に誇りを持てる職場でありたい」と強く願っている。そうすれば、品質も生産性も向上し、1人ひとりが誇りを持てる職場となるからである。

5 同社の活動から見えてくる人材育成のポイント

長期的な育成へのコミットメント

マルヤス・セキソーグループでは、「全員で良いものを造る」活動を進める中で、「企業の発展は、そこで働く人たちの成長の結果である」という考えの下、人財育成を重視している。特に、ＭＦ研修は今日まで30年近く継続している点で、同社の人財育成の基盤となっている。

ＭＦ研修は、自らの職場を離れて対象職場で分析と改善を体験するプログラムである。問題発見や問題解決で必要となるＩＥの知識や手法を座学で学び、それを対象職場で実践することで、座学で学んだことを体系的に身につけていく。その際、事前に演習的な題材で改善案の作成・検討を体験してから現場へ出向いたり、中間発表後の研修では座禅を取り入れて心のあり方を見つめ直すなど、座学で学んだことを深く心に留め、それをいろいろな職場で応用できるよう、座学と実践のスパイラルを繰り返すようにプログラムが工夫されている。また、講師から改善課題を与えられるのではなく、自分たちが分析したデータに基づいて課題を設定し議論することで、問題発見力を高めることができる。

最近は、スピード化の時代と言われ、短期的な成果が重視されることが多い。しかし、人財は短期では育成できない。同社のＭＦ研修が示すように、現場力を高めることができる人財を育てるためには、ある程度長い期間、徹底して教育することが不可欠である。そのためには、当然に様々なコストも発生するが、そうしたコストは、人財が育ち現場力が向上するという成果に比べれば、極めて少ないものである。トップを含めて皆が長期的な人財育成に真剣にコミットすることが、現場力を向上させるトリガーになる。そうした企業の姿勢とトップのコミットメントが、同社のＭＦ研修から読みとれる人財育成の必要条件である。

乾燥野菜と生野菜

様々な分野でＩＴ化が進む中で、誰でも膨大な情報を容易に入手でき、他社の改善事例を知る機会も数多く提供されている。しかし、与えられたデータ（乾燥野菜）を鵜呑みにするのではなく、自分たちで現場に行ってデータ（生野菜）を集める過程を経験することから、現場でのものの動き、作業者の姿勢や動作、設備や道具の不具合などに気づく視点が養われる。また、あるべき姿を描いたり現状のムダ・ロスに気づくきっかけも生まれる。もちろん、ＩＥの領域には様々な分析手法や改善のためのチェックリストが用意されているが、座学で学ぶだけではそれらを使いこなす実力を身につけることはできない。現場での実践により、座学では得られない問題発見の視点が体得される。マルヤス・セキソーグループの活動は、現場で本物の野菜を味わってこそ、初めて野菜の本当の味がわかるという点で、人財育成における現場での実践の大切さを教えてくれる。そこに、ＩＥを用いた人財育成の深さと面白さが凝集されている。

現場を見る実力

マルヤス・セキソーグループの活動では、管理職、スタッフ、さらには経営陣といったすべての人たちが現場に足を運んでいる。そうした現場重視の姿勢が、製造現場をいきいきした職場に変え、改善の活力を生み出している。

しかし、全員が現場を重視する風土は、一朝一夕には実現できない、書類を重視してオフィスにこもり、与えられたデータを解析するような仕事に比べ、現場に足を運べば、次々と新たな問題に直面する。現場の人たちと対話をすれば、様々な要望や疑問を投げかけられる。現場では、次々に新たな課題に対応し解決していく能力が求められる。あるいは、相手から投げられる課題だけでなく、自ら作業者の動きや設備の稼働状況に注意を払い、在庫されている現物を確認し、どんな問題が潜んでいるかを発見する能力も試されることになる。現場に足を運ぶということは、現場で問題に正面から対峙する実力が求められることである。マルヤス・セキソーグループには、単に現場重視の社風というだけでなく、そうした実力のあるリーダーが揃っていることが特徴である。

しかし、ここで一歩立ち止まって考えてみたい。現場での実践的な教育による人財育成が大切だとしても、現場が個人の実力を問う場であるとすれば、教育する側にも実力ある人財が揃っていなければならないことになる。もちろん、そうした教育の一部分では外部の専門家の力を借りるとしても、日々現場に足を運ぶのは社内のリーダーやスタッフたちである。ということは、現場で人財を育成するためには、その手前で、実力あるリーダーやスタッフを育てることが必要になる。すなわち、まずはリーダーやスタッフが育成され、彼らが現場で人財を育て、育てられた現場の人たちが次世代のリーダーやスタッフとして活躍していく。そうしたスパイラルが続くことで、その企業の現場力が強化されていくのである。だからこそ、現場での人財育成には時間がかかり、また維持していく活動とその育成サイクルが途絶えてしまうと、復活させるのに多大なコスト、労力、そして長い期間が必要になる。一般に「企業は人なり」と言われるが、人を育てる役割を担う人財を育成しなければならないというサイクルがその背後にあることを考えれば、人財育成の成否は企業の実力そのものと言えるかもしれない。

設備や技術を見る眼を養う力

マルヤス・セキソーグループは、現場での人財育成に力を注いでいるが、さらにその力を高めるべく、「良品条件とワークヘッド」という活動を展開している。この活動は設備や製品設計に関わる内容なので、人財育成とは関係が薄いように思われるかもしれないが、根底にあるのは、人財の高度化をねらった活動そのものである。端的に言えば、図1-5に示した固有技術と管理技術の両方を考慮できる人財、もっと正確には管理技術の立場から固有技術を考慮・評価することのできる人財を育成する活動と捉えることができる。

現場力を「顧客の求めるＱＣＤに応える力」あるいは「標準を守り、さらにそれを改善していく力」と定義すれば、現場で人財を育成するという表現は、こうした力を身につけた人を育てること、あるいは育成された人によりそうした力が高まることを意味する。しかし、顧客が求めるＱＣＤに応えるために不良品を減らすべく対策を講じても、不良は容易にはゼロにならない。あるいは、改善を続けようとしても、ＩＥをベースにした管理技術だけでは、設備の停止や不良の発生を減らすことはできても、それらを完全に「なくす」ことはできない。すなわち、発生する問題に対応する力は高まるとしても、問題の発生自体を解決することは難しく、次から次に発生する問題に対処する「もぐらたたき」の状態から脱却できない。実際に、そうした後追い的な対処に疲弊し、現場での人財育成を後回しにしてしまう企業も少なくない。

マルヤス・セキソーグループが着目している良品条件の考え方は、良品と不良品を見分けるのではなく、良品を保証する加工条件を直接に明らかにしようとするものである。そのためには、生産技術の条件だけでなく、製品設計にも踏み込んで工法を評価できる知識と能力が必要になる。ワークヘッドの考え方も、事後的に設備の故障に対処するのではなく、良品を保証する動きをする設備、良品を生み出す加工点だけで構成され余分な機構やコントロールが不要な設備、結果として安価でメンテナンスしやすい設備を構想・設計しようとするもので、機械、電気、制御といった領域の知識を必要とする。

従来、このような知識は固有技術として扱われ、管理技術とは区分されるのが一般的であった。しかし、そうした考え方では、いつまでも故障や不良を「なくす」ことはできない。このことは、固有技術を考慮しない場合の「現場力」という考え方の１つの限界を示唆している。

良品条件やワークヘッドに着目することは、これまで言われている現場力の意味合いが高度化され、現場で育成される人財に新たな能力の修得が必要になることも意味している。すなわち、設備を分析対象としてその動きのメカニズムを解明する能力や、製品を生み出す工法を明らかにして良品が保証される加工条件を明示する能力である。管理技術であるＩＥが、設備設計や生産技術、製品設計といった領域に踏み込み、固有技術の内容も含めて問題発見や問題解決をしていく知識体系として強化されれば、これまでより一段高いレベルのＱＣＤを実現することが可能になる。同時に、一般には区分されることの多いスタッフとラインという垣根を取り払い、全員で現場力の強化に取り組む体制を強化することができる。

同社が進めている良品条件とワークヘッドの考え方は、同社の「全員で良いものを造る活動」をレベルアップするだけでなく、現場力を高めるための人財育成にも新たな視点を加えていくことの大切さを示唆している点で、多くの企業の参考になる活動と捉えることができる。

ここに着目！

その１　「教育」は「共育」「競育」「今日育」とサイクル回して人が育つ

その２　全員で良いものを造る活動の背後にあるのは設備や技術を見る力

第3部　人づくりはこうして進めよ

第4章

「現場が人を育てる」とは

1　3社に共通することを探る

現場の管理者やリーダーがいかに「現場を強くしたい」と思うか

本書で取り上げた3社のケース・スタディとインタビュー内容を振り返ってみると、現場を改善するには、まず管理監督する人たちが、「現場を良くしたい」「強い現場にしたい」という意欲や使命感を抱き、「現場の人たちのやる気を引き出すためにはどうしたらよいか」という意識を持つことが大切だとわかる。３社の事例では、トヨタ車体の小山氏、キユーピーの中野氏や奥田氏、マルヤス・セキソーグループの山田氏や木下氏など、いずれも現場を引っ張る管理職やリーダーの人たちにそうした熱意が共通している。

トヨタ車体の場合、基本を徹底して顧客に約束した品質を守る活動は、あるリーダーが「基本に戻ろう」と叫び、それを実行に移したことから始まった。そのリーダーの熱意があったからこそ、現場の強化がスタートしている。さらに、その後も基本の徹底を継続できているのは、人事異動で現場のトップが変わっても、次のトップに現場力強化に向けての情熱が引き継がれているからである。

キユーピーでも、当時の工場長が「このままではいけない。変えなくては！」と強く考えたことから夢多採り活動がスタートしている。活動を開始した契機は、生産量をこなすことに追われていた状況で発生した品質クレームだった。始めた当初は、すでにＱＣ活動を進めていたこともあり、現場の作業者に抵抗感が生じていた。しかし、時間をかけて自分たちが楽になる活動だと伝える過程で、次第に「結構いいかも…」と評価されるようになり、やがては全工場で夢多採り活動が展開されていった。

マルヤス・セキソーグループでは、「全員で良いものを造ろう」というトップの強い意志のもと、独自の研修体制を構築するだけでなく、「いきいきした職場」の実現に向けて、担当役員が現場に足を運び、「改善や工夫を見つけたら必ずほめる」といった、熱い想いで現場力の向上に取り組んでいる。

現場で人が育つには「現場を介したコミュニケーション」が欠かせない

しかし、人の心や気持ちは、そう簡単には変わらない。特に現場のベテラン作業者には、長年の仕事のやり方へのこだわりやプライドがあり、強制的にその気持ちを変えることはできない。そうした心のあり方という問題に、万能の特効薬は存在しない。３社に共通しているのは、「現場でコミュニケーションをとる」という行動である。ただし、そこでのコミュニケーションとは、一方的に問題点を指摘したり注意するのではなく、作業者の考えを聞き取る、一緒になって考えるという双方向のコミュニケーションである。

トヨタ車体では、基本に戻って５ゲン活動や６Ｓを徹底する過程で、「現場で働く人たち」に「やらせる」のではなく、短期雇用の作業者に対しても、１人ひとりの気持ちをくみ取りながら接していった。管理監督者が、どんなときでも「一期一会」の考えを忘れず、作業者がどんな気持ちで働いているかにまで気を配りながら、１人ひとりと対等の立場で一緒に考えるように努めている。

キユーピーの場合は、仙川工場で２００３年にスタートした夢多採り活動が、時間をかけて全工場に広がっている。同社でも、パートも含む現場の１人ひとりが書いた「改善シート」に対し、夢多採りリーダーが、その一枚一枚に感謝の気持ちを込めてコメントを書き込んでいる。さらに、工場長もすべての改善シートを読み、自らの手でコメントを記入し、それが廊下に貼り出され、すべての作業者と工場長が、改善シートを通して直接コミュニケーションをとる形となっている。

マルヤス・セキソーグループでは、ＭＦ研修の中で、役員層が現場に行って直接現場の悩みを聞き取り、その解決策を考えることに加え、現場の作業者と管理監督者が、「なぜ？」と現場で一緒に考えている。同社では、経営陣が頻繁に現場に足を運び、一緒に悩み、考え、良い活動については直接ほめるという文化が根づいている。

コミュニケーションの大切さは多くの文献で指摘されている。しかし、現場から離れた場所での対話では、実際に現場で起きている現象を忘れて机上で議論しがちになる。そうではなく、現場現物で、職位や階層に関係なく、問題本位でコミュニケーションすることで、現場の作業者の考えやアイデアを引き出しやすくなり、彼らのモチベーションも向上していく。教える側が相手への熱意、誠意、聞く力を示せば、相手も心を開きやすくなる。そうした現場でのコミュニケーションが、ＩＥの見方や考え方に基づいて進められれば、問題発見やあるべき姿に向けた改善を促す対話が実現する。

標準と対比してコミュニケーションをとる

現場で作業者と話すとき、大切になるのが標準作業という考え方である。現状を標準と対比して、もっと楽に早く作業できないかと考えていくアプローチが基本であり、標準という比較の対象を設定せずに現状のムダやロスを見つけようとすると、作業者が実際に行っている作業方法を批判する結果となることがある。そうした不適切な現場主義では、作業者とのコミュニケーションは円滑にならず、現場で人を育てることはできない。したがって、トヨタ車体のように標準作業をきちんと定めそれを徹底していくことは、現場でのコミュニケーションを進める際の前提条件となる。

一般に現場力というと、顧客の要求に柔軟に対応できる力と考えがちである。もちろん、ＱＣＤの変更に迅速に対応することは大切であるが、標準を超える対応力を現場に求める際には慎重な検討が必要である。ＩＥの考え方に従えば、まずは標準を守れるように現場の力を高め、さらにあるべき姿に向け改善して、標準を改訂していくことが大切になる。標準を定めることなく現状とあるべき姿を対比すると、ムダやロスが多く見つかることもあるが、それらの中には、標準が守られていないことによるムダ・ロスと、あるべき姿と標準のギャップとしてのムダ・ロスが混在している。両者を区別し、まずは標準を守る力を高めていくことが、現場で人を育てていくための出発点となる。

2 改めて実践の重要さを噛みしめる

座学と実践を繰り返して人を育てる

現場で人を育てる、あるいは人を育てる現場を作り上げるためには、リーダーの想いや情熱、現場でのコミュニケーションといった心構えに加えて、理論的な手法・知識が必要になる。ＩＥの手法や考え方は、現状を分析し、あるべき姿を描き、現状のムダ・ロスを発見し、あるべき姿に向けて改善していくための基本になる。実際に、キユーピーではＩＥの手法をクイズを織り交ぜながら楽しく教え、トヨタ車体でも工程分析や作業分析を標準作業を定めるための基本とし、それを日々の改善に活用している。マルヤス・セキソーグループでも、ＭＦ研修や職制別教育の中で、ＩＥの手法がプログラムに組み込まれている。

ただし、ここで注意したいのは、3社のいずれにおいても、座学で学ぶＩＥの手法や知識を現場で実践し、その成果を発表会などで共有し、さらに足りない知識を勉強するというように、座学と実践を繰り返してＩＥの手法や知識を身につけているということである。特に、マルヤス・セキソーグループのＭＦ研修では、70日間という長い期間、座学と現場での実践を繰り返すことで、ありたい姿を描きそれを実現していく力が体得されている。そのような問題発見の基礎力を育むのが座学の役割であり、座学と実践のループを繰り返すことで、初めて真に「現場で人を育てること」が実現することになる。

IEは、現場で実践して初めて有効になる

ＩＥの領域には、第1部で述べたように、様々な分析手法、改善の原則やチェックリストが準備されている。一般には、それらの手法や見方を学ぶことが、ＩＥの基本学習として重視されている。しかし、本書で紹介した3社の事例から見えてくるのは、そうした知識を中心とした学問体系としてのＩＥの概念とは少し異なり、問題発見や改善につながる見方や考え方としての実践的なＩＥにある面白さと可能性である。

製造業に限らず、多くの企業で「現場重視」という考え方が主張されている。しかし、単に現場へ行くだけでは、現場力を高めるための改善を実践したり、そこで働く人材を育てていくことはできない。ＩＥの手法や見方を体得した人とは、自ら現場で問題を発見し、改善の方向性を考えることができる人である。そういう力を持ったリーダーが、周囲の人を巻き込んでコミュニケーションをとりながら改善を進めることで、個人の力が結集してグループ全体の力となり、グループメンバー各人に問題発見や改善の力がつき、彼らが現場を変革するリーダーとして育っていく。このように考えると、ＩＥとは、現場での実践をともなって初めて企業の経営に貢献する技術であることがわかる。手法の開発や知識だけに留まらないという点に、ＩＥという技術の魅力、そして奥の深さがある。

もう一点留意したいのは、ＩＥは「人を対象にした管理技術」と言われているが、人を単に「対象」

として見るのではなく、「人と人が接する」場でＩＥが使われる、ということである。それが顕著に感じられるのは、トヨタ車体の小山氏の「結局は人と人でしょう」という言葉である。小山氏の話からは、例えばＱＣＤの不具合を起こしたときに、物理的な状況だけでなく、その人がどういう気持ちで仕事をしていたか、言われたときの相手の気持ち、あるいは、ほめられたときの相手の気持ちに思いを馳せながら対話していくことの大切さが伝わってくる。このように、「現場の中で人と人が対話する」ことが、「現場で人が育つ」ために極めて重要な要素となる。

「人を育てる」ための労力と時間を惜しまない

経営環境のグローバル化やＩＴの普及が加速する中、社会全体として短期的な成果への関心が高まっている。ある地域での経済状況や政治情勢の変化が、瞬く間に全世界に広がってしまうので、長期的な視点よりも目の前の情報に対応せねばならないという感覚は、多くの企業に共通のものだろう。

そのため、問題発見や問題解決といった成果を少しでも早く生み出すことを求め、既存のツールを探したり、ＩＴを使った合理化、という方向をめざしがちである。ＩＥの見方・考え方を用い、泥臭く問題を発見して原因を深く考えるという姿勢は、そういった近年の社会環境の中では敬遠されるかもしれない。しかし、企業活動、特に生産企業では、顧客に約束したＱＣＤを恒常的に守るために現場の対応力が不可欠であり、現場の力が先取り型の改善を促すきっかけになる。そして、現場の対応力の基盤となるのが、そこで働く「人」である。

当然に、人を育てることは容易ではなく、多大な労力と時間を必要とする。特に、現場で人を育てるためには、まず育てるだけの知見や経験を持つ人材を育成しなければならず、それが実現して初めて「現場で人を育てる」ことが可能になる。加えて、座学で手法や知識を教えるだけでなく、現場での実践を重ねなければ人材を育てることができないことを考えれば、その手間が大きくなることは当然である。

労力をかけて人をじっくり育てる――教科書的な手法や仕組みをいくら研究しても、現場で問題を見つけ改善していける人は育たない。ＩＥとは、理論だけでなく、実践をともなって初めて有効になる。だからこそ、ＩＥの見方や考え方を体得することが現場力を高め、現場で人材を育てる、あるいは現場が人材を育てることに結びついている。ライン、スタッフ、管理者、そして経営陣が一体となって現場に足を運び、現場で働く人たちと同じ目線に立って、先取り型で改善を進めていく。地道で労力と時間はかかるが、一見すると遠回りに見える活動の積み重ねが、これからの生産企業を支えていく。そのために、ＩＥの見方・考え方の意義を信じ普及させる人を育てていくことが、未来を切り拓く鍵と言えるだろう。

参考文献

(1) トヨタ車体㈱　平田洋行著「IE教育を徹底した柔軟な生産ラインづくり」『IEレビュー』273号、Vol・52、No・5（2011年12月）
(2) キユーピー㈱　田中大喜、野﨑俊介、菊地史子著「現場の改善活動を支える中核人材の育成と現場での取り組み」『IEレビュー』285号、Vol・55、No・2（2014年5月）
(3) ㈱セキソー　大海幹男著「全員で良いものを造る活動の展開」『IEレビュー』262号、Vol・50、No・4（2009年10月）
(4) マルヤス工業㈱　山田昌也著「ワークヘッドと良品条件からのもの造り」『IEレビュー』280号、Vol・54、No・2（2013年5月）

〈注記〉

本書に記載されている「TPM」および「からくり改善」は、公益社団法人日本プラントメンテナンス協会の登録商標です。

〈編著者紹介〉

河野 宏和（こうの ひろかず）
慶應義塾大学大学院経営管理研究科 委員長・教授
慶應義塾大学ビジネス・スクール 校長
「IEレビュー」誌 編集委員長

篠田 心治（しのだ しんじ）
成蹊大学理工学部システムデザイン学科 教授
「IEレビュー」誌 副編集委員長

斎藤 文（さいとう あや）
産業能率大学情報マネジメント学部 教授
「IEレビュー」誌 副編集委員長

編集執筆協力：
江頭 紀子（えがしら のりこ）

IEパワーアップ選書
現場が人を育てる

NDC 336.6

2015年11月27日　初版1刷発行

（定価はカバーに表示してあります。）

編著者　河 野 宏 和
篠 田 心 治
斎 藤 　 文
発行者　井 水 治 博
発行所　日 刊 工 業 新 聞 社

〒103-8548　東京都中央区日本橋小網町14-1
電話　書籍編集部　03（5644）7490
販売・管理部　03（5644）7410
FAX　03（5644）7400
振替口座　00190-2-186076
URL　http://pub.nikkan.co.jp/
e-mail　info@media.nikkan.co.jp

印刷・製本　新日本印刷㈱

ISBN 978-4-526-07461-5